学びは最高の遊び

幼児期のカリキュラム教育

篠原妙子

月影学園出版部

学び は最高の遊び●目次

カリキュラム教育のすばらしさ

子育て・家庭教育

装幀デザイン……髙橋　雄一
カバーイラスト……大野　由貴

カリキュラム教育のすばらしさ

1　なぜ幼稚園でカリキュラム教育？

「カリキュラム教育」とは、半年や一年など、一定期間に行なうプログラムをあらかじめ立てて行なう教育のことです。これまでの幼稚園教育では、具体的な学習目標を計画的に体系立てて、年間を通して教育することをあまり行なっていなかったように思います。しかし私は、今までの経験から、脳の発達が活発なプレゴールデンエイジといわれる3～6歳の幼稚園でこそ小学校と同じように「カリキュラム」に沿った教育を行なう時代がきていると思っています。

保護者の皆さんにとって幼稚園教育とは、歌やお遊戯、お絵描きなどを中心にして、社会性を学ぶ初めての集団教育の場といった捉え方が多いのではないでしょうか？

しかし、近年「体操幼稚園」「自然体験幼稚園」「英語幼稚園」など独自色を前面に出した幼稚園が増えてきています。少子化による園児数確保のための経営戦略とみる向きもありますが、私はそれだけが理由とは考えてはおりません。

それよりも、3歳から5歳までの子供たちの発達が、10年単位で考えると格段に早くなってきていることが大きな要因と考えています。身体も知能も発達が良くなってきている現代の子供に、いつまでも昔通りのやり方では物足りないと感じるからです。また、「3歳では遅すぎる」や「5歳までにやっておきたいこと」などの本が書店に並び、保護者の皆さんも以前にもまして幼児教育に関心を持っているように感じています。

受験勉強している子供だけでなく誰にでも必要

神奈川県川崎市の月影学園幼稚園での「カリキュラム教育」も、このような期待感の中で2016年に始まりました。そのきっかけからお話しします。

私は私立小学校受験のための大手受験塾で長年教室長をしていました。年中の秋になりますと、毎年新しい生徒が入会してきます。いよいよ始まる受験にお母さんも子供も緊張しながらも、わくわくしている微笑ましい様子で通い始めます。幼い雰囲気の年中児ですが、通い始めて3カ月くらい経つ頃から、顔つきがグッと引き締まって、全体の雰囲気が大人っぽくなる子供が出始めます。

私がそんな変化を頼もしく見ていると、時を同じくしてお母さんから「最近会う人ごとに、『しっかりとしたわね』とか、『急に大人になって顔つきが変わった』と言われることが多くなりました」と、報告していただくことがあります。

こうした子供の変化を講師の先生と「シナプスが繋がった」と表現していました。もちろん頭の中は覗けないのですが、イメージとしてはまさにそんな感じを受けていました。多分それまでの生育歴のなかで断片的に獲得してきてバラバラだった知識が、受験勉強を通して繋がって、知恵になってきているのではないかと思えるのです。

例えば、四季の学習を秋にしたとします。すると春や夏は思い出さなくてはなりません。春に何を見たか、どんなことをしたか、他の子供たちの思い出を聞きながら記憶を引き出す過程で、「タンポポ」や「さくら」「新しいクラス」「ひな祭り」や「こいのぼり」を、柔らかい温かな日差しの中で遊んだことを、春と認識します。一つひとつを同じカテゴリーに集約し、また他の季節に分類していく作業の中で、多くのことが整理されていくのではないかと思います。

最近のキーワードに「プログラミング学習」があります。筋道を立てて考え、論理的に課題解決をする学習ですが、もしかすると受験勉強を始めたばかりの子供たちは、このプログラミングの順序を逆さにたどって、あらゆることを体系化して多くの気づきや発見をしているのかもしれません。小学校受験をする子供は幅広い分野で学習し、このような経験を積み重ねていきます。

遊びも知的好奇心も同じく楽しいこと

しばしば「小さい子が受験だなんて、かわいそう」という言葉を聞きます。また、「小さい時は、外で遊べ、遊べ！　勉強なんか早すぎる」とも言われます。しかし、幼稚園児にとって知的好奇心を満足させることは、遊びとなんら区別が無いことなのです。遊びで得られる楽しさと、知的好奇心でおもしろいと感じる気持ちは、両方必要と私は思います。

だからこそ、こうした知的刺激の機会が少ない子供の方が、かえって気の毒に思えてならないのです。しかし、タイミングのズレや指導者の力不足、保護者の対応などが原因で、小学校受験の弊害も時におこることもあります。そうしたことから受験に対する偏見が大きく言われてしまうのだと、残念な思いをしていました時、月影学園幼稚園から「受験ではなく、子供本来の力を伸ばす教育を」との話をいただきました。

月影学園幼稚園の「カリキュラム教育」は、小学校受験のためのカリキュラムの中から、特に知恵に繋がるような基礎部分を選び、幼稚園の集団で行なえる方法に変えて実践しています。合否に関係のない幼稚園で行なわれる「カリキュラム教育」は、子供たちの興味の芽をたくさん育てています。

2 月影学園での「カリキュラム教育」

さて、1年間の準備期間を経て2016年に始まりました月影学園での「カリキュラム教育」も現在では、2歳児クラス、年少、年中、年長クラスの4学年で行なわれています。学年が上がるに連れて、前年度学習したカリキュラムの発展編や応用編に進み、積み重ねの学習を行なっています。

一例を挙げてお話ししますと「回転」がテーマの9月は、年少クラスは「紙皿車」、年中クラスは「繭玉」、年長クラスは「三角独楽」を制作し、実際に回して遊びます。

「描き込んだ絵は回転する時にどのように見えるか?」

「三角は回転するとどんな形に見えるか?」

など、遊びながら自分自身で気づいてくれることを期待したカリキュラムです。

カリキュラム教育をしていく上で心がけていることは、答えを教えたり、覚えさせようとしないことです。子供自身が気づき、喜びを感じて、本人の力で獲得した知恵になるようにと願っています。また、すぐに目に見える成果を求めることもしません。興味の種を撒き、じっくり待つことが幼児教育の根本であると考えているからです。

覚えさせる教育ではなく自分で考える教育

子供に三角パズルのピースを2枚渡して「長い辺と長い辺を合わせると四角になる」と教えるとします。これは子供にとって一つの知識となって、簡単に四角形の合成ができるようになります。とても便利で合理的な教え方のように思えますが、これから先もこうして、全てのことを一つひとつ教え続けていくことができるでしょうか？「覚えさせる」という知識の積み重ねをするこのやり方をしていくと、幼児期には知識偏重のひずみが生じてしまうのではないか、受け身の学習感覚がついてしまうのではないかと心配になります。

それよりは、両手を使ってピースをくるくる回しながら、正解にたどり着くまでの時間を充分に与えてあげたいと思っています。

自分で考える、何度も間違える、その繰り返しの中から気づきや発見があり、それが知恵になっていくのだと思います。一つの知識は「1」ですが、知恵は「1」が「2」になり「3」になりと、どんどん繋がって次の知恵を導き出してくれていると、たくさんの子供たちと接した中で実感しています。

本当に伸びる子に育てるために、遠回りに感じるかもしれませんが「待つ」ことを基本姿勢にしています。

カリキュラム教育に入っている幅広い分野

カリキュラムはバランスの良い発達を願って、偏りのない幅広い分野から作成しています。ジャンル分けしますと「ことば」「数」「図形」「巧緻性」「実験」「行動観察」「季節」「礼儀作法・社会ルール」の8つの分野になります。

この中でも特に「ことば」は、幼児教育の土台になるものですから、薄い皮を一枚ずつ重ねていくような歩みで、無理せず丁寧な学習が理想的です。そのため、毎朝10分の短い時間で設定し、少しずつことばの学習のおもしろさを伝えるようにしています。

その他のカリキュラムは、毎週水曜日30分程度の時間でやり切れる難易度や分量で取り組んでいます。具体的にどんなことをしているのかは別項で詳しく説明しますが、クイズやゲーム、昔遊びなど、参加型の学習形式を取り入れています。

「面白い、楽しい、もっとやりたい!」と子供たちの声が聞こえてくると、私共教師皆で「大成功」と、大変嬉しくなり遣り甲斐を感じる瞬間です。

毎週水曜日の朝には、「今日のカリキュラムは、どんなことをするの?」と訊ねてくれる子供も次第に多くなり、子供たちの素直な気持ちに励まされています。

3 ことばの学習（年少）

ここでは、カリキュラムの中でも最も時間をかけ、じっくり取り組んでいる「ことばの学習」についてお話します。

学年ごとにことばの学習の目標を設定し、1年間をかけて毎朝10分ずつの日課として行なっています。

年少クラスは「正しい発声と発音」「語彙力をつける」を目的としています。年中クラスは「聞き取る力」。年長クラスは「話す力」と段階を上げていきます。

年少クラスのことばの学習

では、まず年少クラスでの取り組みです。週に一つの短文を復唱し、その後その短文に出てくる音で始まる言葉探しをします。

具体的に例をあげますと、4月は、「ア行」の「赤ちゃん　ハイハイアイウエオ」と先生の後に続けて何度も復唱をし、滑舌や声を前に出す発声を練習します。大きなお口を開けてメリハリのある発音の練習をしますと、幼児特有の口の中でもごもごとした聞き取りづらい発声が格段に減ってきて、お友達との会話もスムーズになります。

毎朝、元気に声を出した後「アのつく言葉探し」「イのつくことば探し」と1日1音の言葉探しをします。「あり、あし、あたま、あめ」など子供たちは思いつくまま自由にどしどし発言をしてくれ、わずか5分程度で４０個を超える答えが出ることもあります。

おもしろいエピソード

やってみて気づくおもしろいエピソードもあります。子供たちは平仮名を見て覚えたのではなく、耳で聞いたままを覚えているので、聞き取り間違いなのですが、「て」のつく言葉で「てんとつ」（えんとつ）、「ろ」のつく言葉で「ろうど」（どうろ）、「な」のつく言葉で「ななび」（はなび）など本人は得意げですが、聞いている教師も吹き出してしまうこともたびたびあります。あまりの絶妙さについ聞き逃してしまいそうになることも毎年起きています。

だんだん慣れてきますと「明日の言葉探しは何に?」と楽しみにしてくれるようになり、しりとり遊びの感覚でお母さんと予習してくる子も増えてきます。実は、この予習は、教える側にも、思わぬ効果をもたらしてくれます。予習したことで、見つけてきた言葉を発表したいとワクワクしてレッスンに参加しているので、躊躇しなくなり、発表できたことが自信になっています。その経験が発言力や積極性に繋がっていくのだと実感しています。

言葉探しは簡単な課題です。だからこそ良い経験をたくさん積ませてあげたいと願っています。

総仕上げはカルタ取り大会

たくさんの言葉や物の名称を知っていて、会話で正しく使いこなせることを語彙力があると言いますが、月影学園の子供たちは「えっ、そんな言葉も知っているの」と、先生たちが驚くほどたくさんの言葉を発表してくれます。また、そのような発表を聞いている友達も刺激されて良い循環が生まれています。

ご両親や先生など大人の話す言葉がすんなり理解できたり、話の中に出てくる物を頭に思い浮かべることができたりしますから、話す力だけではなく聞く力も発達し、3月には、一年間活動してきた言語分野の総仕上げとしてカルタ取り大会を開催しています。平仮名が読めない子供がまだまだ多い年齢ですので絵札取りになります。

また絵札は1音につき異なる絵で5枚用意しますので、1回の発問につき5枚の正解の絵札が机の上にあることになります。例えば「あたまにカのつく絵の札を取ってください」では、「からす」「傘」「カマキリ」「カスタネット」「柿」の絵札のどれをとっても正解になります。

たくさん言葉探しをしてきましたので、おおいに盛り上がります。

4 言葉の学習（年中）

学年が上がって年中では、「聞き取る力」が学習目標になります。先生からの発問を一度で聞き取ることを大切な課題とし、そのため短いフレーズの一文字一文字を正しく暗唱する練習をしていきます。

教材は47文字の「いろはカルタ」で、短文暗唱とことわざを学びます。「いろはカルタ」は、昔のことばや聞き慣れない言い回しが出てきますので、初めのうちは難しいと感じるかもしれませんが、案外子供たちはすぐに「いろはカルタ」暗唱に慣れていきます。

「犬も歩けば棒にあたる」「論より証拠」「花よりだんご」「にくまれっこ世にはばかる」の4札から始めます。完全に暗唱できなくても、例えば「犬も」と先生が言ったら「棒にあたる」と続けて言えれば充分ですし、友達が言い出したら思い出して唱えられても良いと考えています。子供たちは言葉のリズムを楽しんでいます。

実は50年ほど前の家庭では諺はしばしば生活の中で使われ、親から子へと伝えられる大切な「教え」となっていました。「ちりも積もれば山となる」「七度尋ねて人を疑え」などは耳にタコができるほど言われたものです。

現代ではめったに諺が会話に出てくることは無くなり、意味が真逆になってしまったものも多いと思います。

例えば「糠にくぎ」のカルタ。

「糠」は見たことがない子供がほとんどですし、もしかすると実際に手にしたことが無いお母さんも多いのかもしれません。しかし糠が分からなければ、そもそもこのカルタの意味が不明になってしまいますので、毎年先生たちは、いろいろと工夫して説明をしています。このように現代の生活からは、消えつつあるものも多くなりました。

お母さんがおしゃれな服を着て……

さて、短文復唱で大事なことは「て・に・を・は」を正しく聞き取ることです。

子供たちは耳で聞いたままに暗唱しますが、この「て・に・を・は」の助詞については、子供にありがちな言い間違いや、抜いてしまうことが良くあります。「て・に・を・は」の1文字違うだけで伝わってくるニュアンスはガラリと変わってしまいます。

例えば「トンビに」ではなくて、「トンビは　あぶらあげをさらわれる」になると、トンビが気の毒になってくるから、助詞は侮れません。短い文ですが、正しく復唱をすることで、いわゆる音読の基礎となり自然に読解力へと繋がっています。

私の好きな「笑う門には福来る」。このポジティブな短文を声に出して読むだけで、かなりその気になれるので私の一押しなのですが、素晴らしく前向きなエピソードをご披露させてください。

「このカルタの意味は何だったかしら？」との先生からの質問に男の子が「お母さんがおしゃれな服を着て、角から出てくるのを見て嬉しくて笑っちゃう」という素敵な答えがありました。これは「大正解！」ですよね。

ふとした時に思い出す

4月から始めて秋ごろになりますと「いろはにほへと　ちりぬるを　わかよたれそ　つねならむ　うゐのおくやま　けふこえて　あさきゆめみし　ゑひもせす」と、唱えられるお子さんが数名出てきます。幼稚園では、「今日は『いろはにほへと』の『と』のカルタ」ということはありますが、いろは47文字を通しては教えていないので、きっとご家庭で子供と一緒に興味を持って楽しんでくださった結果かと考えています。7・5調なので、日本語のリズムとして馴染みやすさもあると思います。現在の「あいうえお」の平仮名は45文字ですが、「いろはカルタ」は、「ゐ」と「ゑ」を入れて47文字になります。47の仮名を1回だけ使って、意味のある歌になっていることに将来気づいて感動して欲しいと願っています。

カルタを全部を記憶していなくても、自分のお気に入りのカルタ2、3枚があって、ふとした時に思い出してくれるだけでも嬉しく遣り甲斐を感じます。また、何かの経験をしたときに、分からなかった諺の真の意味を実感する瞬間があるかもしれません。そんな素敵な知識の種になってくれていることを願っています。

「楽あれば楽あり」

いろはカルタではお母様方から教えていただいた笑えるエピソードがたくさんあります。いくつかご紹介をします。

「安物買いの銭失いだから、今度からプレゼントはもっといいものにしてね」と言われたママ。

「仏の顔も三度までだけど、ママは1回で怒っちゃうけどね」と先生に暴露した子。

「老いては子に従えだね」と、ボランティアで訪れた老人ホームで勇気ある発言。

「良薬口に苦し」と、薬を飲みながら知的センス溢れるつぶやき。

「楽あれば楽あり」と絶妙な言い間違い。
楽しませてくれてありがとう。5歳児のセンスに感動します。
「笑う門には福来る」で大団円です。

5 言葉の学習（年長）

3年間の言葉の学習の仕上げは、年長クラスの「俳句」になります。

この学年の年間目標が「話す力」ですので、たった17文字の俳句の中に季節を表現し、短い言葉で感情を言い表せることに興味を持って欲しいと願っています。

毎月一句を覚えるのですが、年長ともなりますと、やすやすと俳句を覚え楽しむことができています。

幼稚園では、ほどよい声の大きさを心がけて俳句の世界観を大切にしながら、ことばの切れ目やイントネーションで、知らずしらずの内に意味を表現する暗唱になるようにと考えています。

夏休み前にはすっかり五七五のリズムに慣れ、自分たちでも俳句を作ることに挑戦します。

年長クラスの担任の先生たちは最初の頃は「プールの日」など発句の5文字をお題に出して、子供たちが作りやすいように工夫したレッスンをしています。子供たちが、指を折って数えながら残りの7・5と続けて詠んでいる姿は真剣そのものです。

また、クラス全員で一つの俳句を作ったり、3人でことばを繋げていったりと面白い試みもします。子供たちは自分の考えていたこととは違った結論の俳句になっても、その意外性さえも楽しめているようです。

自然への関心を高める俳句

俳句ではことばの学習もさることながら、身近な自然への関心を高めてもらいたいと考えています。日本の四季の風景を言葉から連想できるようになったら感受性がとても豊かになると思います。

私立小学校の校長先生が「秋といったら、あの秋の空気や香りが思い浮かぶ。そんな子に育てたい」と学校説明会でおっしゃったことがあります。たくさん外遊びをして肌で感じるからこそ、言葉からその空気感を連想できるようになるのだと思います。たくさんの自然体験の上に俳句学習が成り立つように感じます。

4月、初めての俳句は、「カエル」「ハエ」「雀」など小さな生き物に優しい目を向けた小林一茶から「雀の子　そこのけそこのけ　お馬が通る」を選んでいます。「そこのけそこのけ」と繰り返される言葉を面白いと感じてくれれば初めての俳句学習としては大成功と思います。

春の季節には、「菜の花や　月は東に　日は西に」。与謝蕪村を覚えます。

茜色の夕日を受けて染まる一面の菜の花畑、太陽と月の真ん中にいる人影。大きな自然にぐるりと囲まれた雄大さを感じます。月と太陽の位置関係がほぼ一直線上に整った数日だけ見られる自然現象とのことです。

「振り返って見たら本当に月も見えたよ」

さて、数年前のエピソードですが紹介させてください。カリキュラムが始まってまだ2カ月、俳句の暗唱を始めたばかりの頃、男の子が先生に「昨日帰る時、太陽が沈みそうだったから、もしかしたらと振り返って見たら本当に月も見えたよ」と興奮気味に教えてくれたそうです。

よくぞ振り返ってくれたと、とても嬉しく感じたものでした。

晴れた日で夕方6時頃、満月の月が上り、日の入りと重なる絶好の日だったのですね。

夏の季節の「朝顔や　つるべ取られて　もらい水」加賀千代女の時のエピソードです。「もらい水」を担任の先生が子供たちに分かるようにかみ砕いて「水道が壊れてお水が出ないとご飯も食べられないでしょう。そこで近くのお友達のお家にお水をもらいに行くこと自販機よ」と、本当に困った様子で説明していたところ、男の子が「先生、大丈夫だよ！　自販機でお水買えるよ」と、教えてくれていました。

その時の先生の「しまった！」感じが忘れられません。そして、この子の優しさが伝わってきます。

「ダイコヒキーーー」と踊ってくれた

「大根引き大根で道を教えけり」小林一茶は、初冬の頃の俳句です。

この俳句は、毎年子供たちに大変人気があります。幼稚園の廊下ですれ違いざま、大根を持っている真似でしょうか、手をまっすぐ伸ばし、先の方を指指しながら「大根引き……」と歌うように暗唱してくれた子供がいました。すると、周りの子もつられて4、5人で私を囲んで揃ってジェスチャー付きで暗唱してくれて、とても愉快なひと時でした。

農村、大根を抜いている人、道を尋ねる人、泥付きの大根、晴れた冬の日。もしかすると遠くの空にカラス。子供たちが想像しやすいそんな情景からなんとなく、この俳句が持つ面白みが伝わっているのかもしれませんね。幼稚園生が「この俳句好き」と、言える感性が頼もしいです。

実は、昨年、小林一茶の名前から、「ＤＡ　ＰＵＭＰ」（日本の男性ダンス＆ボーカルグループ）のメンバー・ＩＳＳＡのイッサを連想して「ＵＳＡ」の踊りをまねて、「ダイコヒキーーー」と踊ってくれたグループがいました。子供たちにとって、なじみのイッサのようです。

俳句を唱和する子供たちの声

2月冬「梅一輪　一輪ほどの　暖かさ」服部嵐雪（はっとり らんせつ）。家の近くの梅林は、毎年2月の上旬に紅色の花から咲き始めます。寒いのが苦手で、人一倍春が待ち遠しいせいか、ぽつぽつと紅色の花をつけている梅の木を発見すると、無性に嬉しく感じます。梅は初春の季語ですが、実際の2月は底冷えのする真冬。この俳句の季節感は子供たちには特に難しく感じます。旧暦では1月から3月が春とのこと。わずかばかりの季節の気配でこの時期を「春」とした、いにしえの人々もきっとかすかな兆しが嬉しかったに違いないと、一人合点をしています。

3月の「さまざまなこと　思い出す　桜かな」松尾芭蕉で季節がまた春にめぐり1年間の俳句学習が終わります。

この俳句を唱和する子供たちの声を聞くと、幼稚園でのいろいろな場面が私の心に浮かんできて胸が熱くなります。桜の花にはなぜかきっぱりとした潔さもあります。この句からも次々によみがえる懐かしさの想いから顔を上げ、前を向いて歩き出すそんなシーンを想像し、子供たちへのエールとなりますようにと祈っています。

子供たちに伝えていきたいと考え、幼稚園で暗唱する俳句は１１になります。たくさんの俳句から選ぶのですが１１では足りない思いがしています。この１１の俳句をきっかけにして興味を持ってもらえることを期待しています。これらの名句の作者はほとんどが、江戸時代の俳人です。およそ３００年前の俳句を今子供たちが唱和していることを率直に素敵なことと感じています。

6 季節の学習

幼稚園での季節についての指導は、ひな祭りや七夕、お芋ほり、豆まきなどの行事を通して行われるのが一般的です。月影学園幼稚園では、日本の伝統行事を子供たちに伝えることを大切にしつつ、日本の四季のそれぞれの美しさも感じて欲しいと願い、季節の学習に力を入れています。

季節ごとに変化する空、風を肌で感じて欲しい。春に咲く華やかな花、夏のたくましい花、秋の香り高い花、色彩が乏しい冬に咲く赤色の花に見とれて欲しい。旬の食べ物は美味しいと感じて欲しい。その季節にしか聞けない鳥の鳴き声、虫の声に耳を澄まして欲しい。この思いをどうしたら子供たちに伝えられるか考えた結果、「春を探そう」「秋を探そう」のカリキュラムになりました。

春を探そう

春の季節を楽しむ学習を5月の連休後に4回に分けて行ないます。

1回目に「春ってどんな季節かしら?」と、子供たちと春の優しい暖かさや見かける花、聞こえてくる鳥の鳴き声、美味しい食べ物などなど、春らしいものについて話し合います。「これは、春のものかなぁ?」と、自信がなくてもおずおずと発言してくれます。たとえ間違えていても、身の回りの事象や季節の変化に考えが及ぶことが素晴らしいと思います。

そこで「帰り道やお休みの日に春のものを見つけて発表できるように探してきてくださいい」「お家の人に手伝ってもらっても良いですよ」と宿題を出します。

すると毎年「お母さんと公園に出かけた」「旅行に行ったときに春を探す宿題をした」などの嬉しい報告を子供たちがしてくれます。

このカリキュラムには、ご家庭のご協力が必須で、大変感謝しています。

2回目には、「見つけた春の発表」をします。どんなものを見つけてきてくれたかとても楽しみな時間です。

出掛けた先で「おたまじゃくし」や羽化したての「トンボ」を発見してきてくれた子、田植えしたばかりの「田んぼ」や潮干狩りの「あさり」などを発表してくれた子など、いろいろな春を探してきてくれます。この経験を爽やかな春の風景として心にとめてくれたら嬉しいです。大げさに考えなくても、普段歩いている道ばたの「タンポポ」や「ハルジオン」をいつもより時間をかけてゆっくりと観察してくれるだけでも充分なのです。きっと春の香りも一緒に感じてくれたことと思います。

3回目には、「春の食べ物を何でもよいので食べてきてください」と宿題を出します。これもご家庭のご協力なしではできないのですが、ありがたいことにどの子供も、4回目の次の日に得意そうに発表してくれています。

イチゴ、キウイ、そらまめ、アスパラガスなどが春の食材であることを、お母さんから教えてもらえたことが特に印象に残るようです。きっとその日は食卓で「春」の会話が弾んだのではないでしょうか。祖父母がいらっしゃるご家庭では、食後の新茶の香もあったと聞きました。ちょっと大人の気分で味わったのでしょうね。五感を使っての「春のもの探し」を楽しんでくれたのではないかと思います。

秋を探そう

1学期に春に続いて、10月に秋の学習を行ないます。春と同じように、1日目に、子供たちに「幼稚園の帰り道や、公園などで秋を見つけてきてください」と、宿題を出します。「コスモスを見た」「鈴虫の鳴き声を聞いた」「柿を食べた」「金木犀の香りがした」と、たくさんの発表があります。先生たちは、「黒板に書ききれないほどたくさんの発表がありました」と、ちょっと自慢そうに教えてくれます。

2度目の季節の学習は子供たちに、より積極性が出て、私たちの予想を超える数の秋を発見してくれます。「秋の食べ物」では、「新米」「さんま」「くり」「サツマイモ」「柿」「きのこ」など、やはり「天高く馬肥ゆる秋」そのものです。実りの秋、美味しい記憶と共に楽しく秋の学習を楽しんでいます。

季節の学習は、実際に見たり味わったりといった五感を使っての体験が、感性を豊かに育んでくれると考えています。「心に季節の原風景がある」そんな人に育って欲しいと願っています。

7 実験学習

実験を通して得られる感動を子供たちに経験させたいと考え、年長クラスになると実験学習が始まります。

自分たちの経験から考えられる予測と実際に実験で得られた結果との差異に驚いたり、がっかりしたり、あるいは喜んだりと、たくさんのびっくりをクラスでにぎやかに体験して欲しいと願ってカリキュラムを作りました。

友達の予測やどうしてそう考えるかをきちんと聞き、また自分なりの意見を発表する機会にもなっています。

ここでは、その中から「糖度実験」と「ダイナミックループ制作」を取り上げて、その授業風景をお話ししたいと思います。

糖度実験

食べ物の甘さを数字で表示する糖度計を使って果物の糖度を調べます。最近では、スーパーなどで「トマト」や「リンゴ」などのプライスカードに「糖度6度」などの表示があり、甘さを数字で見ることができるようになりました。よく見かける糖度表示は、「スイカ」や「桃」の11度から13度でしょうか。この糖度は、食べてみて美味しいと感じる甘さです。また、品種が多い「トマト」は3度から8度と幅があり、好みと値段との兼ね合いで、購入時迷うところです。

幼稚園で行なう糖度実験では、舌で感じる甘さや脳が記憶している甘さと、実際に計った糖度を比べてみます。

まずはじめに、「リンゴ」「ぶどう」「みかん」の3種類の果物を自分が経験してきた記憶を頼りに順位をつけて、実験レポート用紙に記入します。「ぶどう」が甘く、「みかん」が酸っぱいと記憶している子供の順位は「ぶどう」1位、「リンゴ」2位、「みかん」3位になります。反対に甘い「みかん」を食べた思い出のある子は、経験から1位は絶対みかんと主張すると思います。

一人ひとりの順位表には、お友達とは違ういろいろな順位が並びます。実際、この段階で黒板にどの果物が1位に選ばれたか人数表を書き出すと、どの果物もだいたい同じくらいの人数が1位に選んでいます。

その後、糖度計で計っていきます。一人ひとり糖度計を覗き数字を確認するのも楽しい作業です。最後に自分の予測した順位表と実際の順番とを比べてみます。「おいしいと感じる甘味を数字で表すことができる」ということに興味を持ってもらえたら大成功です。

実験中、子供たちは実にたくさんの感想を言葉にしてくれます「匂いを嗅ぐだけで甘さが分かるよ」と、自信たっぷりに話す子供。「甘さだけではなく、苦さも分かれば便利だよね」と、ゴーヤの苦手な子供。

いずれにしても五感を活動させての経験になってくれれば感動があると思います。1位から3位の順位が全部当たるピタリ賞は、案外と少なく、毎年30人中5、6人くらいです。さて、今年の実験では、子供たちから「園庭で、自分たちで育てたミニトマトの糖度を調べたかった」と意見が出ました。先生たちは、その子供たちの素直な感想に感激して次の実験では、園庭のトマトと季節の野菜の糖度も調べることになりました。

メビウスの輪（ダイナミックループ制作）

帯状の長方形の片方の端を裏返しにして、他方の端に貼り合わせた形状のメビウスの輪（帯）でおもしろ実験をします。表がいつの間にか裏になって、そしてまた表に、ぐるぐると回るレーシングコースのような形状のものですが、「ダイナミックループ」や「無限を表す形」と表現されることもあります。まるで手品のようなメビウスの輪を自分で作って、その面白さを実感して欲しいと思います。

まずはメビウスの帯の中央に線を引いて、本当に表や裏になりながら1本の線として繋がるか試してみます。これだけでも充分不思議ですが、次にその線をハサミで切ってみると、先ほどの2倍もある大きな1個のねじれた輪が出来上がります。その理由をいくら考えても分かりませんが、数学的には証明できるのだそうです。子供たちからは、「どうして?」と、不思議がる声が上がります。これだけでも充分嬉しい反応です。

では、「もう1回、真ん中を切ると、どうなるでしょうか?」子供たちに予測してもらいます。「もっと大きな輪ができる」「ばらばらになる」「からまる」など、自由な発想がたくさん出てきます。次にどうなるかを考えることがこの実験の目的ですので、当たっているかどうかよりは、いろいろな形を想像できる力を期待しています。

実験授業では、予測する、結果を見る、理由を考えるなど、ステップを経て学ぶことを経験します。

8 幼稚園で取り組む集団行動観察

小学校受験に「小集団行動観察」という入試科目があります。文字から推理するに、子供たちの行動を観察するらしいけれど、いったい何をして、そこから何を採点しているのか、さっぱり分からないと首をひねる方が多いのではないかと思います。

「協調性、コミュニケーション能力、リーダーシップなどを見られています」と、説明して行動観察講習会を開いている塾もかなりの数にのぼります。受験生の親からすると必修の講座になっていますが、しかし、こうした授業で直ぐに協調性が身に付いたり、コミュニケーション力がアップしたりするはずがないと半信半疑といった感もあると思います。

入試でゲームが課題で出され、順番を決める時には『「じゃんけんで決めよう」とか「僕は最後でいいよ」と言いましょう』と、セリフを教える教室もあると聞きます。私立小学校側は、そのような演技のような言動を良しとはしていない、かえって逆効果と、私は考えています。

実は、全く、別の観点で採点していると思っています。それは、10人ぐらいの人数で、与えられた課題で遊んでいる子供の自然体の様子から、きらりと光る部分を見ているのだと思います。その光る部分は、一人ひとり違って当たり前ですから「優しさ」で光るお子さんもいれば、「正直さ」であるかもしれませんし、もしかすると「正しいことを主張する強さ」を高評価されるかもしれません。

つまり「その子らしく、良い子に育てる」ことが最良の対策と考えています。3日間の講習会や、週1回、1時間の授業で身につくものではないので、普段からの家庭のあり方や毎日の幼稚園での友達との生活から、育んでいきたいと考えています。

幼稚園で行なう行動観察のカリキュラムでは、受験目的ではなく、「友達と楽しさを共感する喜びを伝えたい」「友達を素直に受け入れる心を育てたい」、つまり「共感力」を育みたいと考えています。本項では、行動観察の年中用と年長用のカリキュラムの中から一つずつご紹介します。

指示された人数でグループを作る

新しいクラスになってまだお互いに慣れない時期に、指示行動で声を掛け合いながら仲良しになれたら大成功と思い、年中クラスの4月のカリキュラムにしています。

ピアノの曲に合わせてリズム良く歩きます。曲の変わり目に先生から「2人で手を繋ぎましょう」「2人1組になったら手を繋いだままその場に座りましょう」と指示が出ます。同じように「3人で」「男の子と女の子で」「さっきの人とは違う人とグループになりましょう」など条件を変えて行ないます。

ここで子供たちに伝えたい大切なことは、すぐ近くの人と素直に手を繋げること。人数が足りない時は「あと一人来て！」と声に出せること。人数が多すぎる時はすぐに手を離して協力し合えることです。実は、ここが一番難しいところ。なかなか、手を離しません。それどころか、お友達の手を振り切ろうとさえしてしまいます。子供ですから、無理もないと思いますが、「ちょっと悲しい思いをしたお友達がいたことに気づいてね。ちょっと悲しい、悔しい、いじわるされた、こんなマイナスの感情も、いつかきっとあなたの豊かな心の糧になりますよ」そんな思いで見守っています。

仲良しの友達を意識し始める年齢ですが、集団行動の時は仲の良い友達にかかわらず、分け隔てなく皆で協力し合って行なうことを学んで欲しいと願っています。

スポーツ遊び―新聞紙で作った棒を倒さないで一周できるかな！

年長の10月、秋の爽やかな季節に園庭で行なっています。新聞紙3枚くらいを重ねて丸め、直径5センチ程の棒を作ります。3～5名のチームで輪になり、自分の前に新聞紙棒を立てます。「1、2の3」で棒から手を放し、右周りに隣の棒の前に移動して棒が倒れる前に手で支えます。自分の棒の前に戻るまで、1度も倒さずに一回りできたら大成功です。お友達と息を合わせてカウントし、できるだけ棒を揺らさずに手を放し、素早く移動することができたら、楽しいこと請け合いのスポーツ遊びです。

新聞紙を丸めることは、まだ手が小さい幼稚園生にはなかなか難しい巧緻性（巧緻性については あとで詳しく解説します）です。また、しっかりと自立する棒を作るには、かたむきのない巻き方にする工夫が重要になってきます。

カリキュラムでは、最大5名で1チームを想定していましたが、担任の先生方からクラス全員で大きな輪になって挑戦してみたいとの意見が出ました。「それは、ほぼギネス級！」と感じましたが、その前向きさとクラスで頑張った時の達成感や喜びが想像でき、応援することにしました。結果は何度も失敗しましたが、「もう1度」「もう1度」と子供たちが頑張り、1回、隣へ全員移動できただけで大騒ぎでした。園庭に子供たちの「1、2の3」と力強くカウントする声が響き、その声が揃っただけで既に目的は達成していたのかもしれません。

全員がきらりと光る子に見えた瞬間でした。

9 礼儀作法と福祉マーク

年中と年長クラスでは、礼儀作法と福祉マークについて学ぶ時間を特に大切に考えています。

長いお休みには家族で旅行に出かける機会が多いので、5月の連休前と夏休み前、公共の場所でのマナーや優先席マークなどが表す意味などをクラスで話し合って学習しています。幼稚園時代にマナーや福祉マークについて学ぶ意義は、純粋で正義感が強いこの時期に、心の深い部分にその大切さを刻んで欲しいからです。思いやりのある振る舞いが自然体でできる人に成長してくれますようにと願っています。

乗り物の中での振る舞い

公共の乗り物の中での振る舞いはマナーの基本となるものですから、ゴールデンウィーク前にバスや電車でのマナーをクラスで話し合って学習します。

「電車やバスに乗る時に、お母様から注意されることはなんですか?」の質問をしますと

「ホームの端っこを歩かない」「電車とホームの隙間に落ちないように注意する」「お年寄りに席を譲る」「靴を履いたまま後ろ向きに座らない」などたくさんの答えが出てきます。「頑張って眠らないようにする」や「歌を歌わない」など可愛らしい子供ならではの答えもあります。日頃より子供にマナーを教えてくださっている家庭教育の一端が分かりとても頼もしく感じています。

レッスンでは「どうしてホームの端っこを歩いてはいけないの?」「お年寄りに席を譲るのはなぜ?」と理由をクラス皆で考えてみます。年中クラスの年齢では、自分の身の安全を考えて行動することが、まず一番に必要なことで、この振る舞いも正しいマナーであると教えます。年齢が上がって年長になりましたら、「身の安全」ともう一つ大切なこととして「人に迷惑をかけないこと」が基本マナーであることに気づけるように授業を進めていきます。

点字探し

社会のルールやユニバーサルデザインを知って欲しいと思い、点字や点字ブロック、優先席マークの学習をしています。さて、駅のホームや歩道に敷いてある黄色でボッボッしたブロックを見たことがあっても、点字ブロックという名称を知っている子供はほとんどいません。「誰のために、そして何のために敷いてあるのか」「その点字ブロックを必要としている方のために、私たちが守るルール」について話し合いをしています。

この学習ではご家庭に、点字を見つけてくる予習をお願いしています。例えばビールの缶のプルトップのところに、シャンプーやリンスのボトルに、マンションのエレベーターの階数表示のところに点字が見つかると思います。今まで意識してこなかった点字があちらこちらにあると気づいてくれるだけでも成功です。

この授業をした後にご家庭から、「今まで、『止めなさい』や『危ない』と何度も同じ注意をしてきたことが嘘のようになくなりました」とお話いただくことがあります。ハンディキャップをお持ちの方への思いやりの心の芽生えでしょうか。嬉しいご報告です。

盲導犬と白杖

年長クラスでは、「マナーと思いやり」の授業の仕上げとして盲導犬と白杖の学習をします。クラスでの話し合いを通して白杖を必要としている人達への理解が深まり、「その人の近くで急に大きな声を出したり走ったりしないように注意する」と、優しい思いやりの意見が出ることもあります。

盲導犬では、盲導犬への理解と盲導犬が近くにいた時の振る舞い方を伝えています。実際の授業で、話し合っている内に「目が見えないって、どんな感じ？」と意見が出たことをきっかけに、目隠しをして歩いてみたそうです。「怖い」「歩けない」「ぶつかるとびっくりする」などを実感したそうです。幼稚園で一緒に学ぶことでお友達の考えも聞くことができ、良い気づきになっているようです。

最近ニュースで、白杖使用の男性が駅のホームから転落した事故が報道されました。ニュースの中で、目のご不自由の方で作る団体の代表の方が「白杖を持っている人が駅や交差点などにいましたら、躊躇しないで、電車に乗るための介助や、安全に道路を渡るための声掛けをお願いします」と、おっしゃっていました。

白杖は、目の不自由な方が道を歩くための道具ばかりではなく、周りの私たちが役に立つための合図のアイテムでもあったと気づかされました。盲導犬と白杖の学習が、助け合う心へと成長してくれるようにと願っています

担任の先生たちからも感想が寄せられています。

マナーの意識を高めてもらいたいとこのカリキュラムを休み前に実施したところ、休み明けに子供たちから「マナーを守れない大人を見かけた」とたくさんの報告があったそうです。大人なら一度や二度、してしまったことがあることばかりで、それを聞いた先生自身が身の縮まる思いをしたそうです。かなり正直な先生とまっすぐな心の子供たちとの会話が聞こえてきそうです。

10 生活の巧緻性

「巧緻性」という言葉を目にするのは初めて、という方も多いのではないでしょうか。巧みと緻密の2文字で、細かな手先の作業の器用さを意味しますが、幼児期にこの能力を鍛えると脳の発達に良い影響があり知能が高くなるといわれています。そのため幼児教育では、とても重要なジャンルに数えられています。今、話題の「モンテッソーリ教育」は、まさにこのジャンルに入ります。

幼稚園では、生活技量としての「巧緻性」と制作などの「巧緻性」の両面で様々な取り組みをしています。ここでは、まず「生活の巧緻性」のカリキュラムをご紹介します。

箸遣い

年中の春から卒園までの間に数回、箸の遣い方の練習をしています。ただ、受験教室で行なう「豆つかみ」などの面白みのない学習にはしたくないので、クラス皆で挑戦するゲームのようにして行なっています。

第1回目は、子供用の割ばしと小さく切ったスポンジを使います。まだ上手に箸を持てない子供も多い時期ですので、塗り箸ではなく、つかみやすい割ばしと力を入れずに挟めるスポンジで練習をします。なぜスポンジかと言いますと、正しく箸を持てない原因に、肘や手に力を入れすぎていることがあります。そこで、力を入れずに、そっとつかめるスポンジを使って、正しい箸の持ち方を練習しています。

幼稚園では正しく箸を持てて、食器（紙皿）に左手を添えているかを確認しながら指導しています。食事マナーについても学習をします。日本食はフォークではなく箸で食べるのがマナーであること、握り箸になってしまうと小さいものがつまめず、刺し箸やかき込み箸になってしまうことなど説明をして、きれいな食べ方の大切さを伝えています。

実は1回目の練習の時には、まだ大半が4歳ですので、正しく箸を持てない子供がほぼ半分近くいます。しかし、小学校給食では、ご飯の割合も多くなってきていて、箸が主に使われますので、小学校までには箸をスムーズに使えるようになることは、小学校生活に早くなじめることにもなります。

せっかく幼稚園の友達と大人数で練習できる機会を楽しくするために、箸遣い2回目では技量の難易度別にテーブルをセッティングしたテレビゲーム形式で行なっています。

小さく箱型に切ったスポンジを隣のお皿に移す（ステージ1）。正しい持ち方でできた子供からこのステージはクリアー、次のステージに進みます。

今度は同じスポンジを縦に5個積み上げる（ステージ2）です。チェックポイントは、1と同じ正しい箸の持ち方です。

ステージ3は、細い紐を絡まった固まりから3本取り出して綺麗に箸で並べます。

ステージ4は、ペットボトルにささげ豆をつまんで10個入れるになります。これでオールクリアー、ゲーム終了です。

ただステージ4までたどり着ける子供は年中クラスでは少ないです。ステージ2のところから時間がかかる子供が出始め、少々焦りぎみになります。でも、自分のできるステージをきっちんとクリアーできたら「合格」と先生に大きな声で認めてもらえるので、ここは頑張りどころ。箸を正しく持つことができれば充分合格です。楽しくゲームに参加しながら練習になればと考えています。年長クラスに進級してからも、箸遣いの練習を続けていきます。いつか全ステージクリアーの勇者になれますように。

雑巾絞りと雑巾がけ

最近では除菌シートやレンタルモップなどが増え、雑巾がけをするご家庭は減っているのではないかと思います。ただ、「雑巾で拭く」生活の場面はありますから、テーブルやロッカー、お道具箱などを雑巾で拭いてきれいにする練習をしておきたいと思います。

まずは雑巾を絞るところから始めます。最近は大人でも、雑巾を横に持って肘を張って捩《ねじ》るように絞る方が多く、正しい絞り方をしている人を見ることの方が稀になりました。「絞れれば、どっちでもいいのでは」という声が聞こえてきそうですが、ぜひ、一度やってみてください。正しい絞り方は、実に合理的で無駄な動きがありません。世間一般では、全く反対に、儀礼的で面倒な感じと考えられていますが、礼儀作法と言われる所作は、まさに無駄のない合理的な動きです。

手のひらに縦に持って肘を内側に合わせるようにしながら、雑巾をちょっと前に押し出すようにするとあまり力を入れなくても、しっかりと絞れ、きれいな所作になります。また、テーブルを拭く時は撫でるように雑巾を滑らせるのではなく、端から端までしっかり力を込める、雑巾が汚れたらたたみ直してきれいな面を出す、汚れが落ちないところは人差し指を入れてごしごしこするなど「生活の巧緻性」の練習をします。

さて、雑巾が絞れるようになったら、「四足走行」で雑巾がけをします。最近ではテレビの時代劇などで奉公人が長い廊下に雑巾をかけているシーンでしか見なくなりましたが、昭和時代の小学校では日常の光景でした。身体の軸をしっかり保ちながら、身体全体でバランスの取れた一連の動作をする高い身体能力が必要とされる「四足走行」ですが、実際に教室で行ってみると、雑巾を自分で押していく速さに足がついていけずにお腹からぺしゃりとつぶれてしまう子供や、手の踏ん張りがきかず横に倒れてしまう子供が続出します。顔をあげて前を見て足で床を蹴って勢いよく進める子供は、身体のブレがなく、体幹が鍛えられているることが直ぐに分かります。雑巾がけをしながら体幹も鍛える「四足走行」も得意になってくれたら一石二鳥です。レッスンでは、子供たちはとても面白がって、あちらこちらで雑巾がけの競走を始めていました。幼稚園の廊下はうってつけの長さでした。

箸遣いや雑巾絞り、雑巾がけなどの「生活の巧緻性」は整った所作に繋がり、生活の知恵を生むと考えています。しかし、現代の子供たちにとっては、あえてやらないと一生やらない課題なのかもしれません。

11 巧緻性

前項で「生活の巧緻性」として、箸遣い、雑巾絞り、雑巾がけのレッスンの様子をお伝えしましたが、今項では工作などを通して学習する「制作の巧緻性」についてお話をしたいと思います。第二の脳と呼ばれる手先の技量を鍛える「制作の巧緻性」は、脳に良い刺激を与え知能の発達が良くなることが実証されていることから、いろいろな方向から多くのアプローチをしています。

例えば一般的なところでは、折り紙などは「巧緻性」の定番ですね。子供たちは折り紙が大好きで、年長になるころには鶴や手裏剣を折って遊んでいます。「巧緻性とはどんなこと」と構えて考えなくても、「紙飛行機」「リボン結び」「紐通し」など、昔からごく自然に手先を使って鍛えてきたことに思い当たると思います。手先が器用、不器用などと言いますが、子供たちの手は小さく、手先は丸くてふっくらしているので、不器用で当たり前と思っています。しかし、幼稚園時代にいろいろな作業をしていく中で、どんどん器用になってきます。その様子に感動しますし、子供の発達のスピードを実感する時でもあります。

月影学園幼稚園で行なっている「巧緻性」のカリキュラムの中から、ちょっと変わったアプローチのものや昔からある懐かしいものなどをいくつかご紹介します。

右手・左手のなぞり絵

第二部の「不便さから学ぶ」の項でも言及しますが、生活が豊かで便利になって、反対に乏しくなってしまったことに「生活の巧緻性」があります。自動水栓が多いため、水道を捻ることが少なくなりましたし、ペットボトルがすぐに手に入るため、コップに水を注ぐことがほとんどなくなりました。こうした「捻る」「注ぐ」技量が、それほど必要とされなくなる時が将来くるのかもしれないですね。

年少の1月に実施する「なぞり」も、最近あまり見られなくなった巧緻性の1つと言えるかもしれません。でも、なぞってみると意外な面白さと、便利さにに気づいてくれるものです。授業では、画用紙の上に置いたお友達の右手、左手をなぞります。自分の手の周りをお友達になぞられる時は、クスクスと笑ってかなり楽しそうです。なぞってもらい自分の左右の手の形ができたら、次は自分で黒子（ほくろ）や節のしわ、爪などを描きこんでいきます。出来上がると実物にそっくりで、それぞれの手の個性が出ていることに驚きます。この授業の後見かける光景に、コップやお皿、箱など何でも自由になぞってみている子供がいます。

きれいな円が描けたときは、嬉しそうに見せに来てくれます。

トレース紙を使って写し絵

年中の12月には、動物・花・魚・車などのフラッシュカードから好きなカードを選んで、トレース紙を被せて写し絵をします。筆記具は幼稚園では普段使わない鉛筆を使います。細かい筋、模様など細密画のように写し絵ができると、もともと好きなその対象物に対して、子供たちの興味がさらに増していきます。また、曖昧な感じで捉えていた形や位置など、知っているようで知らなかったことを発見して驚いたり、納得したりする姿がありま す。実は恥ずかしい話ですが、私はキリンを描く時、黄色で塗ってその上からドット柄を長い間、描いていました。しかし、日本にいる多くのキリンの名前は網目キリン。網目という名前の通り、美しい網目模様でドットではありませんでした。細かな線を描く巧緻性と細部まで観察する目を育てたいと思います。

リンゴの皮むき競争？

リンゴの形に切ってある赤い折り紙を本物のリンゴに見立てて、ハサミで切って皮むき競争をします。ハサミが下を向いたり、手首が反り返ったりしないように、ハサミを胸の前に立てて固定し紙の方を回していきます。できるだけ細く途中で切り落とさずに最後まで切れたら、お友達と長さ比べをしてみます。想像していたよりもずっと長く、2メートルを超えるものも出てきます。目を見開いて集中して切っている姿は真剣そのものです。最近のご家庭では、まず4等分にしてから皮を剥く方が多いため、リンゴの皮を丸ごと剥いているところを見たことがない子供が増えてきています。「ご家庭で是非一度、お子さんにくるくると剥いて見せてあげてください」と授業の前ににお願いをしています。

5色の輪ゴムを繋げ長いゴムひもを作る

最近ではあまり使われなくなった輪ゴムを繋げて長いゴムひもを作る巧緻性です。輪ゴムの弾力で思うように繋げられずに苦戦するお子さんも毎年います。しかし、いったんコツを覚えてしまえば面白くなるようで、輪ゴムの色の順番を決めてきれいな系列で仕上げてくれる子供や、ただひたすら長く繋ぐことに専念する子供など、思わぬ集中力と根気を発揮してくれます。

レッスンの時間内では、うまくできなかった子供が、お家でお母さんと練習して繋げられたことが嬉しかったのか、次の日に長く繋がった輪ゴム紐を封筒に入れて先生にプレゼントしてくれたことがあります。先生はとても喜んで報告してくれました。

筒鉄砲

年長になると「巧緻性」と同時に工夫を考えるカリキュラムも増えてきます。この筒鉄砲も工夫が要になります。２枚のコピー用紙をそれぞれくるくると丸めて２本の筒を作ります。外側になる筒の中に一回り細く丸めた内側の筒を入れて振って飛び出させて遊びます。作業自体は単純なものですが、外側と内側の筒の太さが違い過ぎると距離が出ませんし、あまりきついと全く飛び出さないことにもなりますので、太さの微妙な加減が難しいところです。また、内側の筒には飛び出したら面白いクジラやへび、新幹線、飛行機などの絵を自由に描きますが、描いた場所によっては丸めた時に巻き込まれてしまって全く見えなくなってしまうこともあります。コピー用紙のどの部分に絵を描いたら良いかを自分たちで考えて調整していきます。これは、実はかなり難易度が高い「巧緻性」になりますので、失敗してもそこから学びながら完成させられるように取り組んで欲しいと願っています。最後にクラス全員で一斉に飛ばし、飛距離を競います。

毎年勢い余って、なぜか後ろに飛ばしてしまう子供もいてにぎやかな学習風景になります。

ひもの節結び

50センチの長さの少し太めの紐に10センチ程度の間隔で、4か所マジックで印をつけます。

今回は、その印が隠れるように輪をくぐらせてこぶを作る課題です。課題と言うほど難しそうではないと思われる方も多いと思いますが、子供たちにとっては、とてもてこずる「巧緻性」です。

ちょうど良いところを狙ってこぶができるように紐を引っ張ってみたら、かなりずれた位置になってしまってこんなはずではなかったと、がっかりしている子供が思いのほか多いです。

良い位置にこぶを作るためには、印のあたりで大きめの輪を作り、少しずつ輪を縮めながら印のところに結び目が来るようにずらしていく、微妙な手加減が必要になります。また、失敗したら自分でほどけなくてはやり直せませんから、リボン結び、固結びなど結び方の練習をするのと同じ比重で、結び目をほどく練習も大切です。

自分でほどけるようになると、生活のいろいろな場面でお母さんにお願いしなくても済むようになります。授業では、結び目の山になっているところを両手でつまんで細かくゆすってほどく練習もします。

「巧緻性」のカリキュラム全部は紹介できませんでしたが、子供たちはこの「巧緻性」のカリキュラムの意外性に魅力を感じてくれているようです。

12 数の学習（年少）

全学年で毎月1回程度行なう「数の学習」です。

数の理解は、学年によってびっくりするほど差があります。3歳児の年少クラスでは、まずは3までの数が理解できれば充分ですが、年長になると100まで数えられますし、数の分配も理解できてしまいます。たった3年の内に無理なくこれだけの知識が増えるのですから、子供の脳の発達の早さに驚きます。人生の中で最も知識を吸収し、ぐんぐん伸びる時期が幼稚園時代の3年間なのだと感じています。子供たちが「数」のおもしろさや不思議さに気づいてくれる好機と考えて、楽しいゲーム感覚で行なっています。

初めての数の学習

年少クラスでは、「具体物の数を10まで数えることができる」「先生の発問に合わせて、おはじきの数を操作できる」ことを一年間の目標としています。

実は多くのご両親は子供が「1、2、3」と数を唱えると、「3までの数を理解している」

と誤解します。しかし入園したての4月頃「おはじきを3つ手に取ってください」と発問すると、3個正しく取れる子供は案外少ないです。つまり、数を唱えられることと、具体物の数が対応することとは別なのです。まだ数の概念が育っていない証拠かもしれません。

そこで、初めての数の学習は幼稚園に慣れてきた2学期の9月に「10までの数」で行ないます。

まだ月齢の差が大きいので、数と具体物が1対1対応で理解できるかを10個のおはじきを数えて確認します。難なく10個数えられる子供も多いですが、手元の数と一致しない子もまだ相当数います。

一例で説明しますと、口で「1、2、3……」と数えるリズムと、それに合わせて、一つずつ横におはじきをずらすリズムがばらばらで、数が合いません。こういう場合、「ずいずいずっころばし」の手遊びをしてみますと、リズムより、手の動きの方が早いことが分かります。こんなことからも、歌やリズム楽器、運動などバランスよく取り入れて偏りがないカリキュラムが必要なのだと実感しています。おはじきの扱いに慣れなくて、机から落としても気づかない子など、最初のうちはハプニングが続発します。

1回で聞き取れる力

おはじきの扱いに慣れてきましたら「赤皿におはじき1個、青皿に2個入れてください」等の発問をします。赤や青の色指示とおはじきの数を同時に覚えられるように、また、1回で聞き取れるように練習をしていきます。カリキュラム学習の目的の一つに、「1回で聞き取れる力」があります。集中力にもつながる聞き取りの力は、学習の基本ですから、年少時代から、自然に身につけさせたいと考えています。

数の聞き取りと操作

次の段階は、数の聞き取りと操作です。

「おはじきを赤皿に3個、青皿の中に2個入れてください」

ここからスタートします。次に先生の指示通りの数を赤皿から青皿に、青皿から赤皿に2回移動させ、最後に「今、青皿にはいくつおはじきがありますか?」と尋ねます。もちろん子供たちが慌てずについてこられるスピードで、1回1回全員ができていることを確認しながら進めていますので、全員正解。子供たちは、得意げに「3」と、声を張り上げて答えてくれます。「できた」という喜びを次に繋げていきたいと願っています。

口頭だけで数の操作

3学期に入りますと、口頭だけで数の操作をする学習をします。先生の発問する数字を覚えて、次に数が増えるか減るかを判断して答えを出す練習をします。先生の発問を聞いて、数が「増えた」「減った」が分かりましたら、それだけでも凄いと思います。

まだ少し難しく感じる子供もいるため、手の指で数を見せながら進めていきます。例えば「ねこが3匹屋根の上にいます」で、先生は、右手の3本の指を立てて体の前に持ってきます。「そこに後から2匹やってきました」今度は左手の指を2本立てて、子供たちから指の数が見えるようにします。そこで「今、何匹のねこがいますか?」と質問をします。

次に数が減るパターンもやってみます。その時は、右手の指を折って減らします。具体物がない中で、5までの数が操作できましたら大成功と思います。教室の外から、様子を見ていますと、キャッキャッと年少さんならではの笑い声が聞こえてきます。1問できるたびに先生が子供たちみんなを盛大に褒めますので、子供たちは「数の学習」をクイズ大会のように楽しんでくれています。

この機会で得た子供の達成感は、算数のファーストステップとして心に残ってくれることと期待しています。

13 数の学習（年中）

年中クラスになると少しずつ難易度が上がってきますが、「カリキュラム教育」の基本方針の「興味の芽を育てる」を教師全員が常に心に置き、知的好奇心を刺激できるように進めています。

ドットカードの学習

年中の4月からはドットカードでの学習になります。

1から5のドットカード5枚を机の左から順番に並べてみます。カードを机から落とさないことや正しく素早く並べることは「巧緻性」の練習にもなります。初めてのドットカードを使った学習になりますので、まずは先生が出す見本のカードのドットの数を答える練習からします。「1」「2」などは即答で答えてくれますが、「4」「5」はちょっと時間がかかる子供もいます。しかし、何回か行なっているうちにドットの配置を覚えて、いちいち数えずに「3」「4」「5」と瞬時に言えるようになってきます。

子供たちの反応にスピード感が出てきて、少しの緊張感が良い刺激になっているように見えます。5までの数を見ただけで分かるようになると数の数え間違いが格段に減ってきます。ここまでを充分繰り返しておきますと年長になった時に、例えば「7」でしたらまず「5」の固まりを見つけてそれから「6」「7」と数えられるようになっていきます。

次に進捗状況を見ながら少し難易度を上げた発問をしてみます。

先生が「1」と「2」のカードを出したら合わせた数の「3」のカードを手に取る。合わせた数の学習をします。同じように「1」と「3」や「2」と「3」などで練習します。答え合わせでは全員が正解を出せるようにゆっくり数えて、もし間違えていても正解の札を取り直せるようにしますので、みんな満足な笑顔で取り組んでくれています。「数は得意だよ」と自信を持って言える子供になってくれますようにと願っています。

半分の数

2学期には、「半分の数」を、おはじきを使って学習します。

兄弟がいると生活の中で半分の数が当たり前に経験できるのですが、もしかしますと「はんぶんこ」の経験が少ない子供も多いかもしれません。そこで「2の半分」「4の半分」「6の半分」「8の半分」「10の半分」の2等分の練習をします。

台紙には、あらかじめ四角の大きい枠が描いてあり、その枠から下へ2本の矢印が伸び2つの小さい枠へと分かれます。まず、上の枠に2個のおはじきを置きます。「この2つのおはじきをちょうど同じ数になるように下の2つの枠に分けて入れてください」と発問します。これは当然ですが、簡単に全員ができます。この問題で「半分の数」の理解をしてから4個、6個へと順を追って練習していきます。

さて、例えば数が10個と多くなると子供たちはどのように分けていくでしょうか。適当に2つの枠におはじきを分けて入れ、それぞれ数えて多い方から少ない方におはじきを移動させ、同じ数にしようとする子供。一つずつ交互におはじきを枠の中に入れて数を合わせていく子供など、やり方はそれぞれです。2等分にする目的を持っておはじきを移動させることができれば、全て正解！　どちらも数のセンスの良さを感じます。

年長クラスでは、3等分・4等分に発展します。「2と2で4」「3と3で6」「4と4で8」「5と5で10」など最後に声を出しながら、おはじきを数えて学習を整理します。

プリントでの学習開始

プリント学習も2学期に始まります。2つのイラストを見比べて数の多い方に丸を付けます。一つひとつ、数えなくても多少が分かる時はすぐに丸を描いてしまうことを教えます。

見ただけでは判断がつかない時のみ数えます。これは学習の効率を上げる効果があり、「数」に対して勘が良くなる方法です。また数え方も、「いーち」「にーい」「さーん」と伸ばして数えるのではなく、「いち」「にい」「さん」と、短く早く数える癖をつけていきます。数え方のリズムが良いと、学習に対する集中力も自ずと付いてきます。

サイコロを使って算数ゲーム

さて、数の多少が素早く判断できるようになったら、サイコロを使って算数ゲームで遊びます。

サイコロは前の週に自分で作った鉛筆型の6面で、1~5のドット面と名前を書いた面があります。2人1組の4人で対戦し、合わせた数の多いチームが勝ちになります。名前の面が出たら「0」とカウントし、数が増えない残念な面として「0」の概念も学ぶ機会にしています。

「2つのサイコロを合わせていくつ?」の足し算は、指を折りながらゆっくり数えても、年中の月齢では良いと思います。このゲームは子供たちに大人気で、トイレタイムの待ち時間や帰りのバスを待つ間などに自由に遊んでいます。

4×4の升を使ったおはじきの移動

年中最後の数の学習は、4×4の升を使った「おはじき」の移動です。

★			●
♥			▲

1番下の段の1番右、1番上の段の左端など、まずは指示された位置に「おはじき」を置きます。左右弁別は、小学校入学までにできるようにしておきたいことの一つです。既にしっかり弁別できる子供もいる反面、時々混乱してしまう子供もまだまだ多いと思います。

正しい位置に「おはじき」が置けていることを確認してから、「その場所から上に2個おはじきを移動させてください」と、指示を出します。

これは簡単なのですぐにできます。ただ、間違いやすい点として、今「おはじき」がある位置を「1」とカウントしてしまうことがあります。「すごろく」をしたときに、しばしばやる間違いです。

そこで、幼稚園では、「0」「1」「2」と「0」の存在を教えています。今「おはじき」がある位置を「0」次から「1」「2」と数える練習です。

数え方ができるようになりましたら「左に3」「下に2」と2回移動の問題まで進めています。先生は、全員の「おはじき」の途中位置を確認しながら「次は下に2」と発問していますので、最後に全員で今「おはじき」がある場所の答え合わせをし、拍手で終了です。

14 数の学習（年長）

年長クラスでは、生活に役立つ算数を意識して取り入れています。学習で習ったことをさっそく園生活の中で応用している姿も見られるようになります。「算数」の土台作りの位置づけです。

「1大きい」「1小さい」「2大きい」「2小さい」数をドットカードで学習します。年中クラスでも取り組みました1～10のドットカードをそれぞれ机に並べます。見やすいように並べ方を工夫することやカードの扱いにも随分と慣れてきています。ドットカードの学習を繰り返し行なって来ましたので、ドットの配置を覚えて、数えずに数が分かるようになっている子供もかなりの人数います。

授業では、先生が見本のカードを1回見せ「このカードより1大きいカードを取ってください」と発問します。

ドットカードの数を素早く読み取り、指示されたカードを取る学習です。発問は1回だけですので集中して聞き取ることが目的です。１大きい数か、小さい数か、２大きいか、小さいか、簡単な問題で繰り返し練習をします。

クラスの進捗状況を見ながら、「１と３」「２と４」「１と５」のカードを見せて合わせた数のカードを手に取る。合わせた数の学習にも取り組みます。合わせた数では、急に難易度が上がりますが「２多い数」と「２を合わせた数」は、同じですので、数の操作に慣れてあちらこちらから「こんなの簡単！」と弾んだ声が聞こえてきます。

１０の補数

次の課題は１０の補数ですが、１０の補数は算数の最も重要な基礎ですので、教えるというよりは自分で気づかせたいと考え、１００個の丸の色塗りをカリキュラムにしました。

縦１０個×横１０個の合計１００個の丸を印刷した表を使います。始めにクラス全員で横列の丸も縦列の丸も１０個であることを数えて確認します。

「１番上の列のところの丸を１つクレヨンで塗ってください。同じように次の２段目は、２個塗ります。最後の１０段目列まで順に１つずつ数を増やして塗っていきます」「塗り終わったら、どんな形になったか発表してください」と発問します。

子供たちは黙々と作業をしながらも途中で次々に気づきはじめ、「いちいち数えなくても前の列より一つ先まで塗ればいい」「階段みたいに見える」「塗った形と、塗らない形が逆さま」など、発見したことを次々に発表してくれます。

表にはきれいな斜めの線ができ上がっています。あえて10の補数を教えるよりは、自分たちで作業を通して気づくこと、これこそが「カリキュラム教育」の目指すところです。このようにして、数字には不思議な決まりがあるかもしれないと考えてくれたら、算数がきっと面白くなると思います。

「にー・しー・ろー・やー・とー」

さて、最近では、「にー・しー・ろー・やー・とー」の数え方をあまり聞かなくなったと思いませんか。昔は、節分のお豆を食べると時や、おつりを貰うときに、こんな数え方をしていたような記憶があります。現代では感染予防の意味からも電子マネーが多くなり、おつりというものも、そのうち無くなるのかもしれません。しかし、知っていたらとても便利。そこで、クラスみんなで声を揃えて数え方を覚えてみます。

おはじき10個を使って2個ずつ数え始めると、一つずつより格段に早い数え方ですから子供たちはとても面白がってくれます。「早い！」や「間違えないね」など感想を言い合いながら楽しく取り組んでくれます。

この2個ずつの数え方の後、年中クラスで学習した「2と2で4」「4と4で8」などの復習をします。「2と2で4」などは、短文復唱と同じですから、繰り返し言っているうちに覚えてしまいます。他に「3と3で6」「3と3と3で9」など覚えておくと便利なフレーズを、おはじきを動かしながら声に出して練習します。

算数ゲーム

年長クラスでは、正6面体のサイコロを「巧緻性」のカリキュラムとして制作します。そのサイコロを使ってサイコロゲームをしています。

最初のゲームは、先生が振って出したサイコロの目の反対の面の数を早く言えた人の勝ちとします。つまり、先生が「3」を出したら、「4」とできるだけ早く答えます。何回かやっているうちに、組み合わせを覚えて、考えなくても簡単に答えが出せるようになってきます。

慣れてきたところで、2つ目のゲームは、年中でもしました2人1組になって、振って出たサイコロの目の合わせた数の多いチームの勝ちとなる対戦ゲームです。年中でも行なった同じゲームを、年長で再びする目的は、2つのサイコロの目の合計を数えずに見ただけで、相手チームより多いか少ないか判断できるようになることです。

では、このゲームを3人1組でやってみましょう。かなり難易度が上がります。今度は数えないと、とっさに多いかどうかわからない数が出てくることもあると思います。その時、早く数える工夫を考えるのもこのカリキュラムのもう1つの目的です。例えば「2」「5」「3」でしたら、1つ目のゲームで覚えた組み合わせで「7」と「3」の足し算と考えると素早く「10」と答えが出ます。楽しくゲームをしながら「多少の判断」「足し算の工夫」などの力をつけていきます。

算数のジャンルに系列があります。春夏秋冬や、○△□など同じものが何度も繰り返される一連の約束を系列といいます。3学期は幼稚園での数の学習の仕上げとして、おもしろい系列の手遊びをカリキュラムにしています。クラスで輪になって「1」「2」「3」「4」「1」「2」「3」「4」と歩きながら声に出します。その時最初の「1」でカスタネットを叩き、「2」「3」「4」は叩きません。

次にカスタネットを叩くのは、2巡目の「2」、3巡目では「3」、4巡目では「4」、そして5巡目では「1」に戻って叩きます。「4」からすぐに「1」ですので、ここが難しいところ。これを繰り返します。どこで叩くか覚えてしまえば簡単ですが「歩きながら、考えながら、唱えながら」となると、思わぬところでカスタネットの音が響き、「あっー！」と、どこからか誰かの声まで飛び出して、吹き出してしまうことも度々あります。

「数」の学習では、間違ってもへこたれない気持ちを育てるようにしています。「間違えるから覚えられる」「間違いは、良いことをゲットするチャンス」と子供たちに伝えています。

15 図形学習（年少）

子供たちの大好きな時間に「三角パズル」があります。年少の3学期から始めて年長の2学期までの間、1冊のパズル教本「分割三角パズル」を使用しての学習になります。子供たちは「今日は三角パズルをします」という先生の声にお約束のように「やったー」と答えてくれます。

分割三角パズルは正解が一つではなく、組み合わせがたくさんありますので、発想が自由で豊かになる教材です。正解を急がずに、焦らずじっくり取り組み、自分の気づきで完成させることを重要と考えています。

図形学習では他に形、長さ、大きさ、重なりなどの算数的な分野も行なっていますが、今回はその中から主なものを一部紹介します。

5個の図形の中で1番大きい、1番小さい

年少クラス6月に行なう初めての水曜カリキュラムになります。まだ幼い3歳、4歳児で

すから無理をしないで、子供たちの集中力に充分配慮しながらゆっくり進めています。この年齢の集中力持続時間は20分位ですので、楽しい内に終了するように計画しています。

この第1回目は、6月のことばのカリキュラム「大きさ比べ」とリンクして、図形を使っての大きさの学習になります。

「大きさの違う5個の○の中で1番大きい○を探して、クレヨンで塗ってください」「今度は1番小さい○を探してください」

と、形と大きさの指示で行ないます。「1番大きい・1番小さい」は皆、大変良く出来ます。「きっと次は、三角の1番大きいのを探してだよね！」と、先生の次の発問を予想して、期待に満ちた目で待っている様子も、本当に可愛いものです。

図形を塗る巧緻性も、しっかり筆圧よく塗る練習をしますが、やっていくうちに楽しくなってきて、ついでに隣の図形にも色を塗ってしまうなど、年少クラスならではの「おっとっと」が、毎年見られ愉快です。学習のリズムに乗れるように見守りながら進めています。

3本の曲線の長さ比べ

線の長さ比べをします。直線と曲線が3本描いてある紙を配ります。まず、ヒントなしで

1番長いと思う線を指示した色でなぞります。次に「1番短い線はどれでしょうか、違う色でなぞりましょう」と、続けて発問します。3本の線のスタートとゴールまでの幅は同じですので、曲がっている箇所が多いほど長いのですが、案外この課題は子供たちにとって難しいようです。そこで、あらかじめ3本の線に沿わせて紐をのりで貼ったものを用意しておき、その紐を引っ張ってのりから外し、紐の長さで確かめられるようにしての結果発表をしますと、手品を見た時のような歓声が上がります。子供たちは「ぐるぐるしているから長い」など気づいてくれたことを素直に表現してくれます。

重なり

丸や三角、四角の3枚の図形を少しずらしながら重ねたものを見て、1番上の形、1番下の形をみつけます。年長クラスになると「上から2番目は?」「下から2番目は?」などかなり難易度があがりますので、今回は図形の重なりの基本の学習です。まずは、重なってみえないところや、ちょっと見えているところから推理でき、1番下の形がみつけられたら成功です。1番下がどうしたら分かるかと、紙の下からのぞこうとする子などもいます。それぞれ自分で紙を重ねて、実際の重なった時の見え方を学習します。

三角パズル

いよいよ3学期には、年少クラスでも三角パズル（こぐま会のものを使用）が始まります。三角パズルは、発想の柔軟性と考える力を鍛えてくれます。使用する分割パズルは、特大、その1／2の大、さらに1／2の中、さらに1／2の小の4種類の大きさで、小のみ2枚あります。この5枚を組み合わせると大きな正方形や、大きな三角ができます。今回は、このパズルを大きい順に重ねて、それぞれの半分の大きさであることを比べて確かめます。

2回目の授業では、一番小さいサイズの三角2枚を使って、□と△を作ります。三角パズルの基本であり、図形学習の土台になります。三角2枚で□は、ほとんどの子供が直ぐにできます。

次に、その□から、「大きい三角を作りましょう」と、発問します。すると、完成した形にとらわれてしまい、そこから△に変化させることに戸惑ってしまう子供が出てきます。バラバラの△二つからは簡単に大きい三角を作れるのですから、まだ、□と△の関係が理解できていないのだろうと考えます。そこで何度も繰り返していくうちに、□から△、またすぐに□に、そしてまた△へと、両手を使って、すいすいと、できるようになります。□の中に△が入っていると、理解できたころから面白くなってくるようです。

16 図形学習（年中・年長）

学年が上がりますと学習の流れが理解できるようで、テンポも早くなってきます。しかし課題も徐々に難易度が上がっていくため「できる」「できない」の個人差も出始めます。指導する側としては「学習は楽しく」が基本姿勢ですから、できないとあきらめるのではなく、苦しんででもできた時の嬉しさをいっぱい感じさせたいと、励ましつつ、できた時は喜びを共有していきます。この項では、分割三角パズルの段階を追って学習を積み重ねていく過程を説明します。

三角パズル

年中になって初めての三角パズルです。まずは年少の時の復習から始めます。ただ、全く同じでは退屈してしまうお子さんもきっといるはずなので、年少の時と解答の形は同じでも、発問の方向を逆思考に変えて行なっています。

「小さいパーツ2枚を合わせてできた△と同じ大きさのパーツはどれでしょう」直ぐにその

パーツを手に取れる子供もいれば、まず三角2枚を合わせて、その上に大きさの合うパーツをのせてみる子供もいます。どちらも素晴らしいと思います。慌てたり、競争したりする必要は全くないので、それぞれが三角の合成や分割の大きさに気づき、確かめながら学習できるようにと考えています。

次に「どのパーツを何枚使っても良いので、四角を一つ作ってみましょう」と課題を出します。2枚で作る子供も、3枚や全部使って作る子供もいます。大きさがまちまちの四角が机の上に並びますので、先生は、「正解」「これも正解」と褒めながら、パズルにはいろいろなやり方があり、正解は一つではないことを伝えていきます。

教本を使って

さて、2回目はいよいよ教本を使って、課題の形を作る段階に入ります。

分割三角パズルの教本の中から、挑戦する「見本形」を拡大してホワイトボードに張り出します。子供たちは何度も見比べながら机に形を作っていきます。両手先を使ってパーツをカチンカチンと1辺ずつ合わせながら考えるのがコツです。しかし、両方のパーツを同時に動かしてしまい、何度も同じ辺を合わせていることに気づかず、いつまでもくるくると回している子が必ず何人かいます。そんな時は、教師は左手の方のパーツを手先で押さえて動かないようにして、右側だけを回転させるようにヒントを出します。パズルという名前から「ひらめき」が重要と考えがちですが、三角パズルに必要な力は、ひらめきはもちろんですが、意外に記憶力、そして順序立てて試行する力です。

柔軟な発想

回数を重ねて教本のページが進んできますと、少しずつ難易度も上がってくるため正解にたどり着ける時間に差が出始めてきます。分割パズルの解き方としては、特大、大、中、小の4種類の大きさの三角パーツの中で、特大三角パーツを、最初に正しい位置に置くことが正解への近道になります。しかし、子供たちは課題の図形の端の角に合わせてパーツを置くことに慣れてしまっていて、大胆に図形の真ん中に置く発想がなかなか出てきません。柔軟な思考力も、実は訓練や経験から培われていきますので、「恐れずにどんどん思い切った場所に置いてみましょう」と誘いかけています。できなくてもがっかりしないで、お友達の作った形を参考に一度完成させて見ることも勉強です。

「そうか！」「なるほど！」の納得した気持ちが面白さに繋がり、思考力が伸びてきます。

年長になるころには教本のページも、後ろの方になり、難易度の高い問題が増えてきます。三角パズルでは、難しいパズルが解けた時の嬉しさも大切にしながら、柔軟な思考を培いたいと考えています。そこでかなり難しい問題の時は、あらかじめ先生がヒントになるピースを一つ置いたところからスタートします。

「そんなところに置いたら変だよ」「ここに置いて完成できるの？」と、子供たちからは、戸惑いの声が上がります。しかし、今までのパターンと違って見えることも、柔軟な発想には大切ですから、こんなヒントも時には、有効と思います。

17 ２歳児クラス 「初めてのプログラムレッスン」

月影学園幼稚園には、２歳児クラスがあります。週1回、３時間の１２人のクラスです。最近では多くの幼稚園が、年少下クラスや、短時間のプレ保育教室を開講していますが、このクラスは、「初めてプログラムレッスン」の名前通り、保育中心ではなく知育活動を重点にしています。２歳児の発達のバランスに充分配慮しながら、知育面を強化しているクラスとお考えいただければと思います。

無垢で、とても一生懸命

私は、子供の好奇心は2～3歳の頃にぐんぐんと発達し、それと同時に吸収力も飛躍的に伸びる時期であると感じています。実際、この年齢の時に、言葉は、日常生活が不自由なく過ごせるほど、話せるようになりますし、記憶力も伸びて、歌も最後まで歌える曲が増えてきます。本を読み聞かせした時にも、主人公と同じ体験をしているかのように感じ取っています。生まれてからたった2年、その大半は、歩くこともできない赤ちゃんだったと考えると、凄いことです。

教室がスタートした5月は、全員おむつで、お母さまに手を引かれて登園してきますが、卒会を迎える3月頃は、一人で元気に園庭を走ってきます。もちろん、みんなお兄さんパンツ、お姉さんパンツになって、お尻のあたりもすっきりとしています。すっかり赤ちゃんぽっさが抜けて、幼児へと成長した姿を見せてくれます。

このクラスの子供たちと過ごしていると、無垢で、とても一生懸命で、大人を心から信じきっていて、なんという素直さだろうと感動しますが、それだけに「先生」と呼ばれる私たちは、心を全開にして、全力で受け止めていかなければならないと戒めています。

朝の会の歌や手遊び、幼児体操、童話創作、リトミック、お弁当、外遊び、紙芝居とたくさんのプログラムに、お母さんと離れて、頑張って取り組んでくれます。この年齢でも、工作やお絵描きなどに真剣に集中すると、おしゃべりの声は聞こえてきません。子供一人ひとりが、作業に没頭している様子に、私もしばらく見とれることがあります。

反対にお弁当の時間は、賑やかです。本当に嬉しそうで、お母さんの手作りのお弁当を褒めて欲しくて、先生たちが回って来てくるのを待っています。「おいしそうね」「お母さま優しいのね」「一生懸命に、作ってくださったのね」と、どんな言葉でもいいみたいです。満足そうな笑顔で頷いてくれます。

「おかあしゃん、喜ぶよ」

お弁当と言えば、愉快なエピソードがあります。

男の子2人、女の子2人と私で、同じテーブルでお弁当を食べていた時、男の子がいち早く食べ終わりました。

私が、「わぁ、凄い。ピカピカに食べられたのね」というと、横にいた女の子が、すかさず「おかあしゃん、喜ぶよ」と言ったのです。お母さんも、子供のお弁当がきれいに食べてあると嬉しいのだと思います。「お家で、そんな会話があって」と、ご家庭での場面を想像すると私も嬉しくなります。「おかあしゃん、喜ぶよ」の言葉を、女の子のお母さんに伝えると、笑いながら涙ぐまれていました。

一緒に遊び始めるころ

入会したばかりの頃は、同じ教室内にいても、子供たちは一緒に遊ぶということはほとんどありません。電車が好きな男の子が多く、新幹線のおもちゃは人気なのですが、それぞれ電車を手に持ち、一人で遊んでいますし、怪獣のおもちゃを抱きかかえて、「ガオー」と言いながら走り回っている子供など、自分の世界に浸っているように見えます。

そんな子供たちも、秋ごろには、おままごとやブロック遊び、電車のレールの連結などで一緒に遊び始めます。会話のやり取りも見られ、お友達と遊ぶことを楽しみだします。

そんなある日の遊びをご紹介します。

園庭にあるミニハウスに、5人も入って「いらしゃいませ」「いらしゃいませ」と突然、お店屋さんごっこが始まりました。みんなお店屋さんで、お客さん役が一人もいないので、いつまでも「いらっしゃいませ」が続きます。そこで、私が「こんにちは、何屋さんですか?」と、ごっこ遊びに合わせて訊くと「ケーキ屋さんです」「では、ケーキを2つください」「売れ切れでーす」「えっー!」突っ込みどころが満載のお店でした。

ごっこ遊びを通じて子供は多くの能力を身に着けることができるといわれています。何かに成りきるためには、そのものを記憶していることが必要ですから記憶力、細やかなしぐさを真似るための観察力、それを自分らしく表現する力、台本のない遊びを発展させる想像力など、実は子供たちはこれらの力をフル回転させて遊んでいますが、これは友達がいてこそ成り立つ遊びと思います。

絵本制作

本園の２歳児クラスの特徴は、毎週、絵本制作があることです。年間を通して、３０冊以上の絵本を読み聞かせ、その絵本を教材にして知育活動、工作に発展させています。

夏休みの前、『ぼく　だんごむし』（福音館書店）の絵本を読み聞かせした後、１００匹のダンゴムシが入っている飼育箱を覗いて観察をしました。１００匹のダンゴムシは、先生方と前の日に、公園で捕まえてきたものです。手で突いて、くるんと、丸くなるのを面白がって、端から突く女の子の横で、おそるおそる見ている男の子などいろいろです。

その後、ダンゴムシをよく見ながら、ダンゴムシをちぎり絵で制作しました。

ところで、ダンゴムシのうんちは、四角い形であることをご存じでしたか？この本に書いてあったので、子供たちと確かめてみました。箱の隅に山積みになった大量のうんちは、本当に四角でした。子供たちと「本当だね」と感動して話していると、僕のうんちは、「バナナうんち」と、一人の子供が言い出すと、「ぽっとん、うんち」などなど、そこからは、すっかりうんち談義になってしまいました。ダンゴムシたちは、園庭に放して、皆でさよならしました。

絵本創作は、本を好きな子に育って欲しい。本からの刺激でたくさんのことに興味を持って欲しい。そんな願いをこめた、本園独自の取り組みです。毎回保護者に、プログラムの狙いや、アプローチを説明したプリントを配っています。次のページにそのプリントを掲載致します。

18 はじめてのプログラムレッスン──保護者配布プリント 2歳児クラス

りんごのき
福音館書店
エドアルド・ペチシカ文　ヘレナ・ズマトリーコバー絵　うちだ りさこ訳

庭の真ん中にある1本のりんごの木が主人公です。その木を見守る小さな男の子の目を通して、四季の移り変わりが美しく描かれています。

雪に埋まった白い冬景色、リンゴの木は寒さに凍えているように見えます。春、柔らかな光と風の中で、桃色の花が満開に咲き誇る最高に美しい季節。りんごの木は、エレガントなピンクのドレスを纏っています。夏の木は、太陽を浴びて緑の葉を茂らせ優しい木陰を作ります。そして真っ赤なリンゴが実る秋を迎えます。単純なストリーですが、白から薄桃色、緑から赤へと季節に色があり、自然のたくましさや厳しさまでが感じられる絵本です。子供たちに四季のそれぞれの美しさを伝えたいと、毎年プログラムレッスンで使用しています。

プログラムは、立体工作です。秋と冬の風景を屏風仕立てにして季節感を味わえるようにしました。秋は、英字新聞紙を丸めて芯にし、赤の折り紙を2枚交差させて貼り合わせて、まん丸なりんごを作り、枝に吊り下げます。冬は、紙粘土を丸くして雪だるまを作り、ペットボトルの蓋を帽子代わりにちょこんと被せます。それぞれの季節感が表現されて、「りんごのき」の世界観が子供たちの心に残りましたら嬉しい限りです。ご家庭に持ち帰りましたら、クリスマスやお正月など季節の行事のお話をお子様にしてあげてください。

体操　サーキット運動

このクラスでは、子供たちにとって初めて間近に見跳び箱、平均台、鉄棒、ケンステップなど、いろいろな体操用具を使用してきました。

教室の真ん中に先生たちが用具をセットすると、真剣なまなざしで見つめていました。入会したばかりの頃は、並ぶことも順番を待つこともできなかった子供たちが、今では立派に体操座りでお友達を応援できるようになりました。今回から卒会までは、これらの体操器具をいくつか組み合わせてサーキット運動をします。様々な運動を連続的に組み合わせて行なう、スピード感と連続性がサーキットの面白さ。一つひとつの運動の前で立ち止まらずに、最後まで勢いよくできることを目標としています。

モンテッソーリ教具

１１月からモンテッソーリ教具を月組に配置いたしました。子供たちは、夢中で取り組んでいます。モンテッソーリ教育は、「子供には本来、自分を育てる自己教育力が備わっている。子供自身が自立に向かって、自発的に活動を繰り返しながら成長をしていくことを見守る」ことを基本理念としています。この考え方は、モンテッソーリ教育時のみではなく、子育て全般のへの真理と考えています。

「教師や大人が教え込むのではなく、自発性を大切にすることこそ教育である」と、改めて思いました。

子育て・家庭教育

1　伸びる子供を育てる家庭

２０年を超える年月、幼児教育の現場でたくさんの子供たちと接してきましたが、子供の数と同じだけ両親とも関わってきたことになります。そうした中で、「なるほど、この両親だからこそ、この子は、こんなにも光っている」と合点することがあります。しかし、残念ながらその反対、「この子は、もっと力があるはずなのに、残念」ということも、多く目にしてきました。伸びる子を育てる家庭と、そうではない家庭の違いは何かをお話ししたいと思います。

大人に早くなりたい！

家庭での夕食時のご両親の会話を例にしてみます。

「僕は、君が前によく作ってくれたスパイスが効いたあの本格的なカレーを食べたい」と、お父さんがリクエストすると「あら、子供たちがまだ辛いカレーは食べられないから、我慢して」とお母さんの返事。これは一例にすぎませんが、一事が万事こんな調子で、子供優先の会話をしばしばそばで聞いている子供は「子供のままでいる方がずっとお得」「大人になると我慢しなければならない」と学習してしまうように思います。もしこの時お母さんが「子供たちは、まだまだあの本格カレーは食べられないから、ちょっともったいないけれど、子供たちの分には牛乳を入れてみましょう」と答えたら、子供はどのように受け止めるでしょうか。

「本格的なカレーを食べられる大人に早くなりたい！」と考えて、大人にあこがれを持ってくれるのではないかと思います。この早く大人になりたいと願う気持ちが物事を前向きに捉え、積極的に行動する要因になるのだと考えます。

早く大人になりたい子供と、子供のままでいたい子供と、同じ教室にいると一目瞭然なのです。やる気に溢れている子供、そんな子供が伸びやかな光る子供なのだと思います。

子供優先の弊害

では、家族の序列が曖昧で、何事につけても子供優先の家庭でしたらどうでしょうか。

子供は何も願わなくても、常に自分にとって居心地が良い状況にいますから「良きに計らえ」とばかりに、家庭で王様、女王様になってしまいます。これでは子供にとって思い通りにいかないことが起きた時に「キレやすい子供」や、あるいは「直ぐに投げ出してしまう子供」になってしまいそうです。

ある私立小学校の校長先生が「わが校には、ご家庭の王様、女王様はいらない」と、入試説明会でおっしゃたことがあります。校長先生の実感として、このような子供が増えてきているると思われたのでしょう。実は、私も家庭の中の小さな王様に会ったことがあります。

彼は自分のカバンを決して持ちません。体操の授業で着替えた服は、そばにいるお母さんの膝にポイと投げます。それが当たり前でそこに感謝の気持ちはなく、傍らで見ていると、お母さんはまるで召使のようでした。お母さん自身は、そうすることが母親の役目で、優しさだと勘違いされているようでした。

親子関係では、他にも父親の名前を呼び捨てにして、友達同士のような話し方をする父子もいました。一見新しいタイプの家族像のようにも見えなくはないのですが、お父さんは、自分は物分かりの良い父親だと、これもまた勘違いをしていました。

幼稚園の年長ぐらいの年齢になりますと、家庭以外の社会が見え始めてきます。家庭に正常な序列が無い子供は、外でどのように振舞ったらよいか戸惑っているように、私には見えました。

正常な序列がある家庭と、子供が優先順位1位の家庭の違いが、子供の心の成長の差となって徐々に表れてくるのも幼稚園時代なのだと感じています。「家庭に健全な序列を確立する」を子育ての柱として欲しいと思っています。

夢や希望をいっぱい持ち、やる気に溢れた子供に育てる

最近「大きくなったら○○になりたい」という夢を語る子供が少なくなって来ているように感じています。受験の面接練習で「将来、何になりたいですか」と訊ねると、そつなく答えてはくれるのですが、そこに子供らしい強い憧れを感じることがあまりありません。大人になるということを、あまり考えたことがないのかもしれません。

一つ、愉快な例をお話しします。

「大きくなったらお医者さんになりたいです」という子供の答えに「どうしてお医者さんなりたいのですか?」と、質問を重ねると、彼は、「お母さんがお医者さんになってというからです」と、しっかり私の目を見て、迷いのない自信たっぷりの声で答えてくれました。

そのお母さんは、後ろで他のお母さん方と見学していたのですが、真っ赤な顔をして「えっー」と、慌てた声を出されたので、教室中が爆笑で包まれました。子供が時々見せてくれる率直さは、幼児教育の冥利に尽きる思いがします。そこで「じゃあ、本当は何になりたいの」と訊くと「絶対に、お巡りさん」と、子供らしい答えが返ってきました。そう「そうこなくっちゃ!」

繰り返し言うまでもなく憧れや願いを持つことは、頑張る子への近道となります。我が子を、夢や希望をいっぱい持ち、やる気に溢れた伸びしろの大きい子供に育てるために、子供の幼い夢にエールを送ってあげてください。

2 伸びる子供の特徴

親でしたら誰しも、我が子には優秀であって欲しいと願っていると思います。親心として当たり前で、そう思うことが子育てのモチベーションにもなっていると思います。たくさんのご両親とお話をする機会がありますが、ほとんどの保護者が「親ばか」で、その方が子供は、伸びると感じていますし、私はも率直に「いいね！」を押したくなります。

さて、前項「伸びる子供を育てる家庭」でのお話の続きで、ここでは伸びる子供の特徴をお話したいと思います。

３０分ぐらいは連続して歩くことができる

伸びる子供の絶対条件は、「運動能力、身体能力が発達していて体力がある」ことです。最近は、体幹がしっかりしている子供と言われることもあります。言い方は、違いますが具体的には、「３０分ぐらいは連続して歩くことができる」「１５分ぐらいは、背筋を伸ばして、しっかりした姿勢で立っていることができる」が、目安になります。こうしたことができる子供は、当然ですが持久力があり、忍耐力があります。

そういった意味で素晴らしい発達を見せてくれた男の子の話をします。学習塾教師時代のことです。

彼は3月の早生まれでしたので、同じクラスの男の子たちの中にいますと、ひときわ幼さが目立ちました。身体つきも、言葉の発声もどことなく華奢といったイメージでしたので、お母さんも心配し、個人面談で相談されました。

学習面では、月齢通りで遜色は無かったのですが、4月、5月生まれの子供とついつい比較してしまうのも、無理からぬことと感じました。そこで、私は、「毎日30分歩くこと」を提案しました。雨が降っても、風が強くても、とにかく毎日、30分歩く習慣をつけて欲しいとのお願いです。お母さんはこの約束を愚直に守ってくださり、それまで自転車で通っていた幼稚園に、30分以上かけて歩いて通い始めました。

小学校に入られたばかりのお姉さんもいたので、毎日のルーティンから変えてくれたのだと思います。

驚いたことに2カ月経過する頃には、お母さんは、はっきり効果を実感したそうです。「とにかく、勉強していても楽しそうなのです」と、話してくれました。体力がついて、勉強することが億劫ではなくなったこともあるのかもしれませんが、30分という時間を体感したことで、勉強の時間が短く思えるらしいとも言っていました。すっかり弾みのついたお母さんは、どこにでも歩いて行くようにしてくれました。

それから半年後の春講習の時のことです。日本昔話から一つ選んで暗記をし、クラスの友達や保護者が大勢いる前で発表するという課題に「さる蟹合戦」を選んで、堂々と15分間、微動だにせず、彼は語り続けてくれました。

「お母ちゃん、お母ちゃん、目を開けてよー」のセリフのところで、他のお母さん方が思わず聞き惚れ、涙ぐんでいました。その年、年中児でここまで完成された発表をした子供はいませんでした。

ベビーカーの卒業は……

さて、もう1例　2歳の双子の男の子たちのエピソードです。

幼稚園の2歳児クラスは、保護者が教室に入って保育の様子を見学できないため各学期の最終日に、撮り溜めておいたビデオでの「ビデオ参観」を行なっています。

7月のビデオ参観の後のことでした。お母さんが「ビデオを見ていると、うちの子供たちが他のお子さんに比べて、幼すぎるように感じたのですが…」と、心配そうに訊ねてきました。確かにビデオだと、良くも悪くも、より客観的に見られるので、不安になってしまったのだと思います。

私は、2歳児クラスの保護者の方に「ベビーカーは、2歳を過ぎたら卒業してください」と、毎年、繰り返しお話をしているのですが、年々、ベビーカーの卒業時期は、伸びるばかりで、この子供たちに限らず、まだクラスのほとんどの子供が通園に乗って来ていました。

そこで、まず「毎日、20~30分は歩かせてください」とお母さんに提案しました。すると、その結果は9月の新学期の最初の日に顕著に出ていました。

まず、この子供たちの歩く姿が良くなり、歩幅も大きくなっていました。語彙数が格段に増え、すべての行動に積極性が見られました。

運動能力と言語の発達は、相関性があると言われていますが、まさに、その証拠を見ているようでした。

お母さんから「毎日、歩くこと、公園に行って遊ぶことを日課にしました。雨が降っても、少しぐらいなら頑張って実行していました」と、頼もしい報告がありました。

たった2か月ですが、お母さんには、確かな手ごたえがあったのだと感じました。

この時、お母さんは、「双子だからとばかり、言ってはいられないですよね」と、前向きな言葉を話され、以前にもまして、子育てを楽しんでいるように見えました。

アメリカのピッツバーグ大学の研究グループが、毎日30分~40分歩くことで、脳の容積が2パーセント増えるという研究結果を発表しています。

2歳という、脳が急速に発達する年齢だからこそ、歩くことが、どれだけ重要かを、たくさんのお母さんが理解し、ベビーカーの卒業を2歳の誕生日までと決めってくれることを願っています。

2つのエピソードをお話しました。延びる子供は、体力や持久力がある子供で、それは歩くことを習慣にするだけの、とても簡単なことなのです。

外遊びを充分している

さて、伸びる子の特徴ですが、「外遊びを充分していて、自然や季節を感じる感性が育っていること」も二つ目に挙げられます。なぜなら、自分で感じて気づいた経験を積み重ねていると、学ぶこと自体が自然体で、吸収するスピードが格段に速いからです。物事から情報を得るために五感を使うことが癖になっているのも、外遊びを充分にしている子供の特徴です。

遊んでいるときの子供の脳は、凄い高速回転をしているのではと考えたことはありますか。きっと私たちの想像以上ではないかと思います。ジャンルに関係なく、いっぺんにたくさんのことを脳内で処理していると考えると、遊んでいるときの子供の集中力が理解できるような気がします。推理力や集中力は、子供の自由度が高い時間に育まれているように感じます。

体力があって、感性が豊かな子供が伸びる子と言えるのだと思います。

「我が子は大きな可能性を持っている」

そんな6歳の男の子の話です。お母さんと2人で、渋谷で買い物をしているうちに迷子になってしまいました。最初のうちは、お母さんが見つけてくれると思って待っていたのですが、大変な人混みに諦めます。

そこで彼は、歩いて帰ることを決心しました。自宅は電車で駅が6つ先の二子玉川です。何度かお母さんとバスで帰ったことがあるので、国道246沿いに行けば帰れると、自信もあったそうです。

「少しも困ったりしなかったよ」と、後で本人から直接聞きましたが、それを裏づける証拠に、2時間半をかけて玄関にたどり着いた時には、手にいっぱいの花を摘んで持っていたそうです。

その日はお母さんの誕生日だから、「道端で白くて可愛い花を見つけたので、摘みながら歩いて来た」と、余裕の表情だったとか。その間、お母さんは警察に届け、渋谷の駅を必死で探し回っていたそうです。自宅に帰って来たとの連絡を受けた時には、「あまりにも安堵して、後は何も考えられませんでした」と、言っていましたが、こうなると、「どちらが迷子だったの？」と、後から冗談のネタにされてしまったそうです。さて、お母さんが調べたところ、その花は、「スノーフレーク」という名前の花でした。

ここまでしっかりとした子供は、そうそういないのかもしれませんが、我が子をまだまだ、守るべき存在と考えていましたら、少し認識を変えて、「我が子は大きな可能性を持っている」と、親ばかになっても良いように思います。

3 勉強させるのは、かわいそう？

私が幼児教育に携わっていると自己紹介をすると、「小さいお子さんたちなのに、かわいそうね」と言われることがあります。また、おじいさん、おばあさんから、「子供は外で泥だらけになって遊ぶのが仕事。暗くなるまでいっぱい外遊びをさせておけばいい。勉強なんか早すぎる」と言われて、勉強させることに罪悪感を持っているご両親にもたびたび接してきました。

勉強させるのは、本当にかわいそうなのでしょうか？

子供は、もちろん遊びが大好きです。そして、それと同じくらい、知的好奇心を満足させることも大好きです。つまり子供にとって、遊びも学びも区別なく、とても楽しいことなのだと思います。子供の興味を引き出し、ワクワクする学びを継続していくことは、心と脳の栄養補給であると信じています。

「勉強なんか早すぎる」

ただ、「勉強なんか早すぎる」にも、一理も二理あります。それは、幼児期の学習がどうしても知識の詰め込みになってしまいがちだからです。そして、この知識とは、「足し算」や「引き算」であったり、「ひらがな」を書いたりと、さほど急いで学ぶ必要のないことばかりなのです。

「12歳、元の木阿弥説」をご存じですか？

急ぐ必要のないこうした知識を周りに先んじて学んでも、12歳になる頃には皆できるようになっていて、平均化してしまうことを指しています。言い得て妙で、例えば掛け算を幼稚園生が唱えられても、大して意味がないように感じます。子供は、繰り返し学習させれば、かなり難しいことでも覚えてしまいます。しかし、「門前の小僧　習わぬ経を詠む」と同じで、「九九」が言えても、「掛け算」の仕組みを知って面白いと感じることや数字の規則性を発見した時の喜びが無いまま、ただ唱えるだけことは、だれでもできるようになります。

また、早すぎる弊害はまだあります。幼いうちから塾などへ通い、年齢相応よりも難しいことをさせられた経験から、できないことを自分自身で強く意識してしまう子供もいます。

こうなると簡単なことでも、やる前から「できない」と手を引っ込めてしまいます。これは、まさに「かわいそう」と、私も思います。その月齢になれば簡単にできることなのですから、残念な話です。幼児教育の現場にいますと、かなりの割合でこうした「できない」と自分自身で壁を作ってしまう子供に出会います。その子供の両親は、教育熱心ではあるけれども、子供の将来を真剣に考え、優しくて良識のある方々であることから、これは私たち教える側の問題と言わざるを得ないと考えています。

消しゴム制度の弊害

指導者側の問題を具体例で説明しますと、「競争意識を植え付ける」「早く問題を解こうとする瞬発力」「問題に取り組む集中力を身に着けさせる」などの目的からか、12人のクラスでペーパーワークが早く出来た子供6人まで、消しゴムをもらえるシステムの受験教室があります。

しかし、子供はそんな大人の思惑とは、無縁です。もっと単純で、早く出来て消しゴムを貰えた子供は自慢し、貰えなかった子供は、ただへこむだけです。つまり鼻先にぶら下げた人参で子供を走らせ、序列を教えているだけです。子供が頑張って奮起するなどは、お伽話です。

また、このシステムを私が最悪と思う所以は、貰えるメンバー、貰えないメンバーは、ほぼ固定化するからです。こうして、自慢気に消しゴムを手にしているお友達をうらやましく思って見ている子供は、どんどん自己肯定感が低くなっていき、「どうせ貰えないから」と、端からあきらめてしまいます。100歩譲って、もしこの消しゴム制度を本当に子供の伸び代を良くするために使うとするのなら、「鉛筆の持ち方、左手の使い方が前よりもずっと良くなった」「間違えてもあきらめないで、最後まで取り組めた」など、子供一人ひとりの成長をしっかり見て、認めてあげる表彰状代わりにして欲しいです。一人ひとりの成長をキャッチできるスキルが、指導者には必須です。

自己肯定感が低くなってしまったりしたら、それこそ取り返しがつかなくなり、受験勉強の弊害の例として語られてしまいます。

勉強は楽しいと子供たちに教えたい

それでも私は幼稚園時代に勉強できる機会を持てた子供は、とても幸せだと思っているのですから、少しばかり、反論させてください。

「暗くなるまで、外で、泥だらけ」のフレーズは、良く耳にしますが、実際は言うほど外遊びをしてはおらず、家でテレビを見たり、ゲームをしたりで、時間をつぶしているのが現実なのだろうと感じています。治安の良い日本でも、子供だけで遊ぶことに不安があり、おじいさん、おばあさんの時代とは様変わりして、天気が良くても友達と家の中で遊ぶことは、最近は普通のこととなりました。こうした現状からか、遊びから自然に身につく知恵も乏しくなりました。その上、勉強することも罪悪視していたら、気づきや、発見、感動の機会がますます減ってしまうと心配になっています。

繰り返しになりますが、方法さえ間違えなければ、勉強は素敵です。子供たちの満足度が高い学びの機会が多くなっていくことを願っています。

「昔遊び」と言われるもののほとんどが、実は今では「勉強」のジャンルに入るものです。例えば、「しりとり」は、語彙を増やす、物の名称の言語学習ですし、「カルタ」は、短文暗唱とひらがな学習。「すごろく」は、さいころの目1とマス1つ進める数の対応と足し算の学習。「おはじき」や「綾取り」「折り紙」は、今人気の「モンテソーリ教育」の中の手先の「巧緻性」の分野に入ります。

先ほど申し上げた方法さえ間違えなければというのは、つまり「昔遊び」のように課題への導入方法が、楽しく興味津々であること、子供が答えにたどりつく過程には、道筋がいろいろあって良いこと。間違えることは、深い理解に繋がるラッキーな経験と指導者が理解していることです。

以前、小学校受験で有名な塾の講師研修会にお邪魔したことがあります。その中で塾長が「私共では、勉強という言葉を講師が使うことを禁止しています。なぜなら、子供たちが勉強嫌いになってはいけないからです」と言っていました。自分たちが教えることは、子供にとって、嫌なことが前提なのでしょうか。

なんということでしょう。勉強は楽しいと、子供たちに教えてあげたいです。

4 幼児教育は、いつまでも「種まきの春」

さて、勉強は楽しいと前項で書きましたが、そのためには、幼児教育の特性を知って欲しいと思います。

幼児教育において結果を急いで得ようとすることはとても危険で、弊害が大きいと思います。理由は、急ぐあまり手っ取り早く答えを憶えさせるような手段になってしまうからです。答えを憶えさせるような教え方は、驚くかもしれませんが、カリスマと呼ばれる先生に多いように感じています。

なぜなら、子供が簡単に覚えられるように独自の工夫をし、子供たちが、課題をとてもシンプルに感じられるようにしているからです。そのこと自体は、素晴らしいことですが、ともすると、思考過程まで飛ばしてしまうやり方になりがちです。

例えば、4枚の三角で四角を作る三角パズル（こぐま会のものを使用）の課題では、いきなり、「とがったところを真ん中に集める」と教えます。確かにこれですと秒殺と言われる速さでできます。また、できない子供は一人もいないので、教室は大いに盛り上がりますし、見学をしているお母さん方からは感嘆の声が出ます。それゆえカリスマ先生なのでしょう。大学入試のための予備校であれば、有効手段なのかもしれませんが、もし、この問題を別の視点から発問されたら、また問題の出し方がちょっと変わっただけで、解けなくなる子供もいると思います。

幼児教育では、2枚の三角と三角を合わせて四角ができる。4枚の三角はその応用であると、形の合成を自力で考えさせたいところです。小学校受験などで、ゴールが目前で、待ったなしの状況なら、もしかしたら私もこの奥の手を使うかもしれません。でも、子供から、発見や気づきを奪っていることは、間違いないのです。子供が自分自身で試行錯誤した結果、得られた感動を、私は小さな芽が顔を出した光景で思い浮かべています。

いろいろな言葉で、芽が出たことを教えてくれる

幼児教育を農業に例えるのなら、種まきの春だけで、実りの秋を見ることはありません。私は、幼稚園の先生方に「たくさんの種をパラパラと撒きましょう。少し芽を出したところぐらいまでが、私たちの担当する季節です」と話をしています。先ほど話をしました感動の芽、予想と違った時の驚きの芽、一生懸命考えて答えにたどり着いた時の達成感の芽、そして、やればできるという自信の芽、まだやっと土からほんの少しのぞかせているだけです

が、これから成長と共に大事に育てていって欲しいと願っています。

「分かった」「できた」「先生　見て！　見て！」「そうか！」「こんなの簡単」「もっと　やりたい」いろいろな言葉で子供たちは私たちに、芽が出たことを教えてくれ、その喜びを共有させてくれます。

いつか大きな感動に包まれることを想像して

答えを教えないでじっくり待つことが、「カリキュラム教育」の教育方針ですが、実はもっと、もっと長いスパンで考えていることもあります。

例えば、諺カルタ「糠に釘」のところでも触れましたが、子供たちには、あえて本物の糠を見せることはしません。豆腐のようなもの、ゼリーにように柔らかいなど、言葉で説明します。子供たちは、それぞれに想像して、頭にそれらしき物の映像を浮かべてくれるかもしれません。そして、いつか、どこかで糠を見た時に「えっ、これ！」と驚いたり、「あっ、なるほど」と合点したり、そんな瞬間がたくさんの子供に訪れることを期待しています。

俳句でも子供に、理解できないものが多くあります。

例えば、「閑（しず）かさや　岩にしみいる　蟬の声」では、子供たちは、「静かなの？蟬が鳴いていたら静かじゃないのに」など、すなおな感想を持ちます。また、「岩に、声がしみるは変だと思う」と疑問も持ってくれます。先生たちは、情景を想像できるように丁寧な説明をしてくれますが、本当のところは子供たちには、分からないままなのかもしれません。しかし、子供たちは、先生の説明を頼りに、分からなくても上手に暗唱してくれます。今はそれで充分と思っています。

都会の子供たちには、「閑か」を感じ取ることはできないけれど、大きくなって、山間のお寺に行ったときに、ふっと「閑か」を実感することがあるかもしれません。また、蝉の声がうるさくもなく、賑やかでもなく「岩にしみいる」という情感を得るかもしれません。その時に、「そうか、そういうことか」と、大きな感動に包まれてくれるのではと、妄想しています。

そういう感動を味わう子供が大勢いてくれることを期待しています。

5 子供たちに本気で向き合うということ

長年、幼児教育の現場にいると大きな感動を子供たちからもらうことがあります。それは、往々にして、何かトラブルを抱えた子供に全力で向き合った結果得られるものです。ここでは、そんなうれしい一事例のお話をしたいと思います。

「嫌なことはしなくていいのよ」

2歳児クラスに入会して2カ月、泣いたりせずに登園してくれる女の子ですが、自由遊びの時も教室の隅でじっと立ったまま、友達の輪に加わろうとしません。リトミックや体操の時も、同様に固まったままに見えます。しかし、一番困ったのは、お母さんの手作りの美味しそうなお弁当にも一切手を付けず、3時間の保育中、文字通りの飲まず食わずになっていることでした。

先生方も、気に入りそうなおもちゃで遊びに誘ったり、体操のときには、一緒に手をつないで行ったりと、あの手この手できっかけを作ろうと頑張るのですが、無言の拒否にあってしまいます。大きな声で泣いて、クラスの進行を妨げることもないので、ついつい私たちも、そのうちには慣れてくれると待ちの体制になっていました。

そんな折、帰りの時間にお迎えのお母さんの姿を見て、この子が小さくため息をついたのをたまたま目にしました。その、ほーっと息をした姿に、私はこの子はやりたくないと頑なに拒否をしているのではなくて、緊張が高くて動けないのかもしれない。お母さんから離れて食事をすることも、この子にとっては大変な勇気がいることなのかもしれないと感じたのです。

そこで、次回からは、耳元で小さな声で「嫌なことはしないでいいのよ」と、無理強いは決してしませんという私たちの意思を、この子に伝えるようにしていきました。無理に手を引いて体操に参加させることや、お弁当の時間に「お母さまがせっかく作ってくださったから一口でも食べてみましょう」などの誘いかけは、この子の心の負担になるだけと理解することが、私たちのファーストステップになりました。

そして、「嫌なことはしなくていいのよ」と、繰り返し声をかけ、緊張が解けるように、そばにそっといるだけにしていきました。すると、それからほどなく、小さなパンケーキを一つフォークにさして口に入れたのです。お母さんが何とか少しでも食べてほしいと願い、工夫した500円玉くらいの小さなパンケーキです。「やったー、偉い」など声をかけたくなる場面ですが、何も言わずに淡々と、お弁当の時間の何気ない会話を、他の子供たちと続けていると、2口目も食べ、そしてとうとう完食をしたのです。

それが自信になったのでしょうか、あるいは、食べるという行為が緊張から解きほぐしてくれたのでしょうか。それから徐々に教室のプログラムに参加するようになりました。今は、進級して年中クラスに在籍しています。はにかんだ笑顔の可愛い女の子に成長しましたが、今でも感性が高く、思慮深い面を感じさせてくれることがあります。2歳児といえば、泣いて訴えるものとの思い込みを払拭してくれ、私たちに多くの気づきをもたらしてくれました。

子供をリスペクトすること

「嫌なことはやらなくていい」という子供の心の自由を認める。そして、子供自らが行なおうとする意志が出るまで待つこと。これは、子供をリスペクトすることにほかなりません。大人という上から目線で、子供に駆け引き的な言葉をかけたり、何かを仕向けようとしたりする手法は、結果を生まないことばかりではなく、いつまでも信頼関係を結べない原因にもなります。こちらが心を全開にして向き合うと、子供は、必ず心を開いてくれます。それほど、子供の心は純粋で柔らかいです。

2歳児に限らず、幼い子供たちは、大人に従順です。それを当たり前と思い、思い通りに保育しようとすることは、とても危険なことだと感じています。人格が形成されつつある中学や高校の教師と違い、ピュアーな心に直接コンタクトするのですから、その重大さに身が引き締まる思いがします。

友達に手が出てしまう、言葉で傷つけてしまう、友達の輪に入れない、落ち着きがないなどの幼稚園児にありがちな問題を持つ子供と真剣に向き合い、その問題を乗り越えた時の感動は大きいです。そして、その子供は、それを機に大きく心が成長していきます。指導者にとっても、この成功体験が、感動が、経験として蓄積されいくのだと思います。

6 知能が高くて生きづらさを感じている子供

たくさんの子供たちと出会ってきました。今でも、近況を知らせてくださるお母さん、また、本人たちからは夏休みの様子を書いた暑中見舞い葉書や年賀状を受け取り、懐かしく嬉しく思うこともしばしばです。普段あまり便りが無いご家庭でも、卒業、入学の節目で、学校の門の前で撮った記念写真が、プリントされた葉書を送ってきてくださいます。本人の字で一行「学校楽しいです」や「勉強　頑張っています」など、必ず添えられていて、ほのぼのとします。中には、お母さんから命じられてしぶしぶ書いたのか、反抗期真っ盛りの中学生の男の子からの「お元気ですか?」のそっけなさに、お母さんと、どんなやり取りがあって書かれた言葉かまで想像して笑ってしまうこともあります。

「これからは、あなたがお母さんの荷物を持つのよ」

そんな近況報告を受けると、思わず羽交い締めにして、力ずくで戦ったことを思い出す、2人の男の子がいます。この子供たちは、年も5歳離れていますし、接点は全くないのですが、兄弟かと思うほど言動がそっくりでした。

ここでは、この2人とのエピソードから、「知能が高くて、生き辛さを感じている子供」のことを話したいと思います。

壮太君（仮名）は、同級生に比べると身体つきはしっかりとたくましくて、頭一つ抜き出た大きさでした。最難関校を目指して教室にきました。彼の授業をして、すぐに分かったことは、非常にできる子だとすぐに分かりました。それも、勉強をたくさんしているからできるという努力型ではなく、自分で見て、聞いて経験したことに興味を持ち、自然にたくさんの知識を持っている天才型とでもいう子供だったのです。けた外れにできました。

例えば、6人のクラスで、「一人ずつ順番に色を言っていきましょう。お友達が答えた色は言えません」という言葉の学習の時間、幼稚園の年長さんたちで5歳児6歳児ですから、「赤」「青」のオーソドックスな答えが普通ですし、うっかりすると既にお友達が答えた色を、堂々と発表してしまうレベルです。そこで、授業では、「お友達のお答えをよく聞いて覚えるのですよ」と、「良く聞く、覚える、発表する」練習をしているのですが、彼だけ、別次元のことを勝手にしていました。

彼は、「藍鼠色」「かきつばた色」と、正直大人でもとっさに分からない色を答えてくるのです。その授業の教師である私を試していたのかもしれません。後から、お母さんに伺ったところ、色の名前を覚えだした4歳ぐらいの頃、凄く興味を持って訊いてくるのだけれども、中間色の色の名前がお母さんにも分からないので、色の名前が分かる本を買って与えたそうです。その中でも特に、和名色別にはまっていたのだとか。彼からすると、授業そのものが幼稚に感じてつまらなかったのかもしれません。

他の授業でも、彼の才能をいかんなく発揮していました。そんな頃のことです。普段からお母さんに威張る態度が気になってはいたのですが、その日は特に酷く、持っていたお稽古バックをお母さんに投げつけて、教室の机まで運ばせようとしたり、脱いだ外履きを蹴って、お母さんに片付けさせようとしたりと傍若無人の振る舞いでした。

ご両親にとっては、年齢を重ねてから授かった一人息子でしたので、大事に、大事に育ててきていることが入会時点で分かっていました。それだけに私共も見守ってきたのですが、これは見過ごすことはできませんでした。

そこで「自分でやりなさい!」と、私が強めに注意したところ、「なんだよー」と言いながら、そばにいるお母さんを突き飛ばしたのです。また、お母さんは、こんな時にどうしたらよいか、おろおろとしているように見えました。よろめいたお母さんを、なおも突飛ばそうとしたので、私は咄嗟に彼を羽交い締めにしたのですが、さすがラグビー教室に通っているだけのことがあり、凄い力で逃れようと身体をねじってきます。こうなると全大人の威信にかけても離すわけにはいかなくなり、教室の床をゴロンゴロンと転がりながらの全力の戦いになってしまいました。幸い、気合勝ちとでも言いますか、ふっと彼が諦めて力を抜いてくれました。

そこからは、お決まりの「諭しコース」ですが、彼は大人の全力の抵抗にあって驚いたのか、意気消沈していました。ここまでは、まぁ、よくある話しかもしれません。しかし、彼の本当の姿を、半年後に知ることになります。

第1志望校に合格して、ご両親と挨拶に来てくれた卒会する日のことです。帰り際「あなたは、優れた能力と頑丈な身体を、生まれながらに与えられた恵まれた人です。そういう人は、人一倍、人に優しくしなければいけない。特に女性には、優しくしてください。これからは、あなたがお母さまの荷物を持つのよ。いままでは、守られていたけれど、これからは、あなたがお母さまを守るのよ」と言うと、彼は、ツーっと涙を流してうなずいてくれたのです。

彼にとっては、受験勉強は大半が分かることばかり、じっと座って聞いていなければいけない時間は苦痛だったのでしょう。ましてや同じことを繰り返される学習は、我慢の連続だったと思います。

彼のような子供には、好きなこと、興味をひかれたことに費やす時間が、何より大切だったでしょうからいつも、じれていたのだと思います。

そうは言っても、まだ5歳ですから、本人にも理解できない感情で、コントロールできなかったのだと感じます。そうした日々戸惑う気持ちに、当時は気づけませんでした。その時は、ただ生意気で、できることを鼻にかけ、友達を貶す、思いやりのない子供と思っていました。

「先生、僕が1番になっても1番と認めてくれる？」

さて、もう一人、彰（仮名）君の話。

驚くことに、彼もまた2学年分ぐらい身体の大きい子供でした。同じ学年の子供たちの中にいると間違えたクラスに紛れ込んだように見えました。

そして、彰君もまた壮太君と同じで、かなり生意気で、同じクラスの子供たちに対して容赦ない言葉を言ってしまうところが見られました。

「えっ、また間違えているよ、変なの」「僕がいつも1番でしょ」「あの子と一緒のグループだと、絶対に負けるからいやだ！」などなど、同じクラスの子供たちは、ずいぶんと我慢してくれていたように思います。

スポーツ神経も良くて、野球クラブに入っているのですが、左バッターボックスで打つというので、左利きでもないのにどうしてと訊くと、「左の方が、1塁に近いでしょう」と答えるのです。そして、器用に左打ちが出来てしまうのだそうです。

私との取っ組み合いは、春講習の時に起こりました。隣に座っていた男の子の筆箱を踏んで壊したのです。その日は朝から機嫌が悪く、彼が荒れているように見えていましたので、内心、わざとかしらと、思わないでもなかったのですが、どうするかと見ていると、とうとう友達に唾を吐いたのです。そこで、止めに入ると、気持ちが抑えられなくなっていた彼が暴れだしたので、私にとって壮太君以来、5年ぶりの羽交い締めになってしまいました。

暴れる彼を必死に抑え込んでいるうちに、机の角に彼の頭が当たりそうになったので、咄嗟に手で庇うと、「何？」と動きがとまったので、「頭がぶつかるから、このまま教室の真ん中に戻って、そこからまた暴れても良いわよ」と言うと、納得したのか、そのまま二人で掴み合ったまま、ずりずりと移動したのです。私は、生意気だけど、やっぱり6歳は6歳！と可笑しくて、可愛くて、愛情込めて抱きしめていました。

その頃から私にも、やっと彼の心が少しずつ分かるようになってきました。彼からしたら、できたから「できた」と言い、1番だから「1番」と言い、グループ対抗ゲームに勝ちたいから「仲間を選んでいる」ただそれだけなのですが、どうして、いつも注意されてしまうのか、彼も傷ついていたのかもしれません。

そんなことが分かるエピソードがあります。「積み木を1個持って3メートルくらい先の机に置き、またスタートの位置に戻り、1個積み木を取って、また走る。それを繰り返して先生の見本通りに積む」というゲームをしようとした時のことです。説明を聞いているときの彼は、目を輝かせ、やる気満々だったのに、いざ始めようとすると、「ぼくは、やらない」というのです。

理由を聞いてみると、「先生、僕が1番になっても1番と認めてくれる?」と訊くのです。「1番は1番でしょう、なぜ?」すると、「僕が1番になると、形がちょっとずれているからとか、他の子が丁寧だからとかの理由で、僕は1番ではなくなるんだよ。いつもそうなんだ」というのです。「僕がいつも1番だから、先生たちは、僕が1番ではないようにするんだ」と、教えてくれました。

私は、先生たちの気持ちも分かります。他の子も喜ばしてあげたい。同じ子ばかり1番だったら、もっともな理由をつけて、ちょっと調整したくなる。それも分かります。しかし、ここにこんなに傷ついている子がいました。今まで、気が付かなくてごめんなさい。彼は、生意気でもなんでもなく、ただ出来てしまうのです。そういう天才的な子供を伸ばせるプログラムやシステムは、アメリカにはあるけれど、日本にはまだありません。年齢が上がったら、もう少し、生きやすくなるからねと、励ましたくなりました。

最後に、彼とのとっておきの思い出をお話しします。

授業中に、お腹が痛いと言って胃のあたりを抑えだしました。いつも気を張っているので、ストレス性の胃痛かしらと思い「冷えたのかもしれないから、先生が抱っこして温めてあげたいのだけど、どうする?」と訊きました。他の子供たちもいますから、恥ずかしい思いをさせないように、また、男の子はむやみに身体に障られるのを嫌う子も多いので、どうしたものかと思ったのですが、「そちらさえ、良ければ」との返事。最高でした。

この2人は、大きな生き辛さを感じていたのだと思います。ともすると、こうした子供に対して大人は「生意気」と決めつけ、抑え込んで従わせようとします。また、かなり強い言葉で、周りとの違いを自覚させようとさえしてしまいます。

実際、彰君にベテランの体操指導者が「そんなことだから、友達が一人もいないんだ」と言っているのを目の当たりにしています。

しかし、「この子供たちは、高い知能があるものの、社会性が未発達の幼児期は、平均的な範囲に収まり切れないのだ」と、指導者が知っていたら、対応は変わったものになると考えます。ただ、一般的には、知能検査をする機会は就学時検査の時までありません。その為、両親でも気付くことが遅れてしまい、せっかくの才能を伸ばすことより、平均化する方向になってしまいます。

日本では、要支援の子供たちには、療育制度があり、センターなどで手厚い支援が受けられますが、高い知能を持ちながら、生き辛さを感じている子供たちのための、アメリカのように確立したシステムが、まだありません。

しかし、こうした人は、人口の２％になるそうで、つまり幼稚園でも、１００人の子供たちの中に２人はいることになります。

多様性の時代、個性を尊重する時代、早くこの子供たちの、可能性を伸ばせるシステムや教育手法が確立されることを願っています。

7「家庭の教育方針」がありますか？

子供を授かった時から3歳ぐらいまでは、教育方針というよりは「病気やケガをしないで、健康に育ちますように」との願いで、子育てをしてきたことと思います。「まずは、健康第一」これは誰もが持つ、素直な親心と思います。

しかし、子供の心もどんどん成長していきます。幼稚園入園や小学校入学の節目、節目で、ご両親で「家庭の教育方針」を話し合われることは、子供の「健全な精神」の発達のために、とても大切なことと考えています。

この項では、実践性のある、家庭の教育方針を決めるためのプロセスについて話したいと思います。

「ご家庭の教育方針をお聞かせください」

さて、「ご家庭の教育方針をお聞かせください」と質問をしたら、どのようにお答えになりますか。いきなりの質問でも、おそらくどなたも、なかなか上手にお答えになると思います。

しかし、続けて「では、その教育方針を具体的にどのように実践していらっしゃいますか」とさらに尋ねましたら、説得力のあるお話ができるでしょうか。大概はスローガンを並べただけの、絵に描いた餅のようなお話に終始してしまうことが多いです。

しばしば耳にする典型的な答えの例で説明すると「我が家の教育方針は、自立した強い心を持ち、困難なことがあっても自分で解決できる知恵と勇気を持ち、他の人に思いやりのある行動をとれる人になること」と盛りだくさんのフレーズが出てきます。そして、その後に「具体的には、たくさんの経験が積めるように、家族で自然体験を大切にし、自分から積極的に挨拶ができるように声を掛けています」など、関連の薄い答えが返ってきます。家庭の教育方針がかっこよかっただけに、聞いている私は、このご家庭には漠然とした教育方針はあるけれども、実践は乏しいという印象を感じてしまいます。

つまり、教育方針はあるらしいけれど、そのために行動し、子供に伝える努力を怠っているご家庭ということになってしまいます。教育方針の曖昧なご家庭は、目的のない航海をしているような不安定な感じだと思います。反面、教育方針が明確で、将来どんな子に育って欲しいかをご両親でよく話し合われているご家庭は、これから子供の成長と共におこりえるさまざまな問題に対応できる家庭環境が作られていると考えられます。

幼稚園時代に家庭で取り組むテーマを決めましょう

幼児期にブレのない1本筋の通った家庭教育をするために、年長クラスに進級した4月に、是非ご家庭で卒業するまでの1年間、家族みんなで1つのテーマを決めて実践してみてください。

「テーマを決めて、1年間の実践は、何のためにするのですか？」と疑問が当然出てくると思います。

それは、今すぐ何か言葉で、それらしい教育方針を急いで考えるのではなく、興味のあることに家族皆で1年間じっくり取り組んで、そこから得た気づきや感動を我が家の本当の教育方針にするためです。

実はこの逆さまのやり方の方が「より正直な我が家の家庭の教育方針に気づくことができた」という感想をお父さんから聞くことが多いです。そうして立てられた教育方針は、明確な方針で実行力のあるものとなります。

テーマの約束は、

1年間継続すること。

行動が必ず伴うものであること。

の2点だけです。

テーマの実践例

それでは、今まで私が伺ったテーマの実践例をご紹介します。

①毎月玉川の清掃活動に参加する。

ひと月1回のボランティア活動でしたが、拾ったごみの多さや分別作業から、環境問題を考える良いきっかけになったそうです。

②畑を借りて野菜を作る。

近くの知り合いから小さな畑を借りて、耕すところから始めたそうです。季節の変化を身近に感じ、収穫の喜びは、食べ物のありがたさに直結していると感じたとのことでした。

③自治体の自然観察隊に参加して、観察日記を付ける。

家の近くの公園で、花の開花日・楓の紅葉日・蝉の初鳴き日、目にする虫の種類と個体数などを調べ、記録することで日本の四季を肌で感じられたこと、注意深く観る習慣がついたことが一番の成果ですとの報告でした。

④毎日歩き、万歩計の数を記録する。子供の歩幅（２７㎝）で１日の距離を計算して、地図上に印す。

その地図上では、１年間で東京の自宅から福井県の恐竜博物館まで到達したそうです。目的を持って、継続することを楽しいと感じられたことが何より良かったそうです。

皆さんはどのように感じましたか。

どのご家庭も実践を通して、いろいろな感想を持ったようです。これが真の体験であり感動であると思います。テーマを選んだ時点で、既にご家庭の望む方向に沿っているはずですから、ここから教育方針は容易に見つかりそうです。①であれば、「奉仕の精神」「社会に役立つ人」でも良いと思います。②でしたら「食育」「感謝の心」③や④は「継続する根気強さ」「自ら気づき発見する知恵のある子」などさまざま考えられると思います。

全体を通して感じることは、健全な子供を育てようと努力している真剣な親心がいわば教育方針でもあると思います。

8 お手伝いをさせる理由

皆さんの家では、子供にお手伝いをさせていますか？

一世代前でしたら、お米を研ぐ、お風呂掃除、洗濯物たたみなど、子供たちには当たり前にお手伝いをする義務がありました。

しかし、世の中が大変便利になって、人の手がいらなくなってきているためか、最近はあまり、子供にお手伝いをさせなくなってきているように感じます。

この項では、子供の1日の生活時間の中に、ほんの10分程度、お手伝いの時間を組み込んで欲しい、その理由についてお話をしたいと思います。

家族の一員であるという自覚

「お手伝い」の目的は、継続・知恵・躾・生活の巧緻性など教育的要素ももちろんありますが、私が願う一番の目的は「家族の一員であるという自覚を持たせる」ことです。

幼い子供は、ずっと守られる立場であり、世話をしてもらえる立場でした。これは言うまでもなくこれからも当分そうなのですが、しかし、幼稚園でも社会性が身に付き始めた今、家族の一員としての自覚を持たせることも子供の心の成長にとって必須と思います。

家族の役に立つことが嬉しいと感じることで、自分は家族にとってなくてはならない存在であると確認します。

そして、これがおおきな自信に繋がり、しっかりとした自己肯定感が根付くきっかけになります。

ですから、お手伝いは文字通り「人の手助け」「役に立つこと」を実感することが目的です。

つまり、子供がお手伝いをしてくれた後、お母さんがやり直したりして、かえって手間がかかると感じるようでは、お手伝いになっていません。また、年齢に比してとても簡単なことだけをさせて褒めるのは、ちやほやしているだけで赤ちゃん扱いかもしれません。

お母さんが心から「ありがとう」「たすかるわ」と言えるようにならなければ、子供には伝わりません。

お手伝いで得た自己肯定感は人生の力

一つ例で説明します。

玄関の掃除をお手伝いと決めたとします。最初の内は、やり方を丁寧に教えながら一緒にします。この間は、お手伝いというよりは、躾や生活の巧緻性の範囲で、親から子に伝える、微笑ましいひと時と思います。大分できるようになりましたら「これからは一人でお願いね」と言って任せます。ここからがお手伝いです。

玄関がピカピカだったら家族みんなが喜んでくれます。役に立つことは嬉しいことです。もっと役に立ちたいと、子供なりの工夫も考え始め、やる気満々になってくれることでしょう。

どんなお手伝いでも良いと思いますが、毎日でなくても継続すること、年齢相応の努力が必要なことが条件になると思います。また、親が決めるのではなくて、適切なアドバイスをしながら、子供に「そのお手伝い、やってみたい」と、考えさせることも自主性に繋がると感じます。

「高いプライドの割には、自信が低い子供」「傷つきやすい心」などの言葉を耳にすることが多くなってきました。

確かに、ネット社会が発達して、実体験が乏しくなっている現在では、そういう大人も子供も増えてきているように感じます。だからこそ、逞しく生き抜いていく力を付けてあげたいと願っています。もちろんお手伝いをさせるだけで、その願いが叶うわけではありませんが、幼いころ心に根付いた自己肯定感は、何にもまして人生の力になってくれると信じています。

9 子供の言葉をリピートするということ

「受容と共感」という言葉は、育児書を開けば頻回に出てきます。分かりやすく言えば「子供のありのままを受け止めて、子供の気持ちに寄り添う」ということですが、子育ての日々の忙しさの中では、実践する余裕もなかなかありませんし、ついつい親の理想とする良い子を求め、親の都合に子供を従わせようとしてしまいます。子供自らが伸びようとする力を育むためには、受容し共感することが大切だとは理解していても、具体的にどうしたら良いか、意外なことにその方法は今まであまり書かれてきませんでした。

リピートしましょう

そこで、愛育病院元医院長で世界中の小児科医に大きな影響を与えた故内藤寿七郎先生から、30年も前になりますが、直接教えていただいた方法をお伝えしたいと思います。現在もその教えは少しも古びることがなく、子供たちに接する時の私の指針になっています。深く心に残っているその言葉を紹介します。

「子供がね、痛いと言ったら、そう、痛いねとだけ言えばいいの」「いやだと言ったら、そう、いやなのねと繰り返すだけ。つまり共感を持ってリピートしてあげるの。合理的な提案をしなくても、子供は安心してくれるからね」と、幼児開発協会（現・ソニー教育財団）の育児サロンの講演会で、おっしゃっていました。「リピート」は本当にすごい共感のメッセージだと感じています。

子供が転んで「痛い！」と言って泣いている時に、誰しも覚えのあることと思いますが、「大丈夫？」とか、「カットバンを貼りましょう」など、ごく自然に言ってしまいますよね。しかし、子供は、ますます痛がって泣き止まない。そんな場面を想像してみてください。ちょっとやっかいなことになってしまいました。

子供にしてみれば、痛いのに「大丈夫？」と訊かれたら、凄く痛いアピールをしたくなると思います。

「だって、大丈夫じゃないもん！」

そこで「リピート」を試してみてください。お母さんが心配そうな顔で「痛いねー」と、自分の痛さを分かってくれたら、ほとんどの子供が安心して泣くのを止めてしまいます。こんな経験を積んでいくとお母さんも、子供の気持ちを受け止めるのが上手くなっていきます。

大人は、それまでの経験から、「大した怪我ではない」とすぐに判断して、そこで次の段階の「カットバンを貼る」「うちに帰って消毒」などの提案を先ず始めてしまいます。つまり、最初の、共感のステップを飛ばしてしまっているのです。

さて、リピート（共感）をしたら、子供が落ち着くのを見守ってください。年齢にもよりますが、「カットバンを貼りましょう」などの解決策をあえてお母さんが提案しないまでも、自分の気持ちがお母さんに受け入れられて安心した子供は、自分自信でどうしたら良いかを考えて行動するようになっていきますし、「これくらい平気」と、自分から言ってくれたりもします。こんな些細な変化でも「たくましいさ」「生きる力」の芽生えに繋がると期待しています。

「覚えてる?」

つい最近のエピソードです。月影学園幼稚園には、年少クラスより小さい2歳児クラスがあります。週1回のプレ幼稚園ですが、私はこのクラスの授業のプログラムを作っている関係で授業に入ることが多いです。

昨年度のこのクラスの女の子で、年少クラスに進級したあさこちゃん（仮名）に久しぶりに廊下でばったり会いました。するとあさこちゃんは自分の顔を指さして「覚えている?」と訊くので、「もちろん、あさこちゃん」と答えたのですが、再度「覚えている?」と。そこで「あさこちゃんでしょう。頑張っているわね」と答えを付け足したのですが、また「覚えている?」と三度目。ここで私もやっと、ここは、リピートだったと気づき「覚えているわよ」と返事をすると、頷きながら「うん!」と息を吐き、満足したのか、素っ気なくお友達を追いかけて行ってしまいました。たったそれだけのことでしたが、何とも言えない幸福な気持ちになりました。

あさこちゃんは2歳児クラスの時には幼い我儘さがあり、随分とお母さんがご心配され、私たちも少々手を焼いた子供だったのですが、それだけにこの成長が嬉しくてたまりません。

10「はい」という返事の力

子供は、話しかけられた時や、何か指示された時に、どう答えていますか？「はい」という返事をしていますか？

わざわざこの質問をするのは、実は昨今驚くほどこの「はい」という返事を聞かなくなったからです。

たいていの場合、返事を全くしないか、首をわずかに動かして、頷くだけになってしまいました。一世代前の家庭の躾では、「はいは？」と、返事を促す言葉がよく使われていました。それでは、「はい」という返事が躾の基本であり、将来のコミュニケーション力にも影響してくるという話をしたいと思います。


ちょっとご家庭でお母さんが子供に話しかけている状況を再現してみましょう。

お母さんは子供の稽古事のために、もうすぐ家を出ることを子供に伝えます。

まず一回目「今日は、ピアノのレッスンの日だから、そろそろおもちゃを片づけてコートを着てね」しかし、聞こえたのか聞こえなかったのか、子供は返事をしません。

しばらくすると、お母さんは二回目「いい、分かった？　用意をして！」と、少し声のトーンが変わります。それでも、返事は返ってきません。

子供は遊びを止めず、まだ行動しようとしません。この辺りからお母さんは時間が気になりだして「早くしなさい‼」と、ついに怒りモードの三回目になります。ここで初めて子供は、はっと気づいたかのように無言で用意を始めます。

三段階話法

さて、この話を父母会などでしますと、「我が家そのままです」と、お母さん方はクスクスと笑いながら大きく頷かれます。中には、少し顔を赤らめられて口元を隠す仕草をされる方もいらっしゃいます。私はこれを三段階話法などと冗談にしながら説明をするのですが、しかし、この三回の指示出しも毎日になると子供も慣れてきて、もしかすると一回目は、「まだまだ、いいわよー」と聞こえているのではないかとさえ思います。二回目は、「あと少しだったら、いいけど」と、意味を反対に変換して聞き、三回目でやっと「あっ、やらなくては！」になっているのだろうと、想像しています。

お母さんも「どうせ一回では、いうことを聞かない」とあきらめていて、親子ともに、ある意味高をくくってしまっているように思われます。これではストレスが多く、親子のコミュニケーションとしても良いものとは言えません。

もし、一回目から子供が「はい」と返事をしたならば、結果は随分と違ったものになると思います。まず、お母さんは二回目を言う必要がなくなります。「お母さんの言葉をちゃんと聞きましたよ」の合図が子供から発せられるので、安心して待つことができるようになります。お母さんもこれが習慣になれば、それまでのように、子供の後ろ姿に向かって遠くから指示を出していたようなこともなくなり、子供に丁寧に向き合い、そしてきちんとした指示を出すようになり、言葉にもお子様に対する信頼感が醸し出されてきます。こうした雰囲気は子供にとって心地よく、どんどん良い循環を生み出していくと考えています。

また、子供も「はい」と返事をした時に、自然に自分自身の頭に「Qサイン」を出しますので、ぐずぐずした態度ではなく、自ら行動に移します。言葉の力のすごいところです。

一度で聞き取る習慣

さて、ここまで読んできてどう思われたでしょうか。「しまった、遅かった」と、思われた方もいるかもしれませんが、今からでも大丈夫です。まだ幼稚園生ですから。是非、今日から「はい」という返事をお子様に要求してください。お父さん、お母さんという、一番身近な人から発せられる言葉を一度で聞き取ろうとする習慣、自分に掛けられた言葉に返事を返す習慣は、脳を活性化させ、素敵なコミュニケーション力を持った大人へと成長するための糧になってくれると思います。

11 「偉いね」の褒め言葉を「ありがとう」に！

子育て真っ最中の皆さんは、毎日、子供を褒めたり、叱ったりの連続だと思います。そうした親からの言葉がけから、子供は、善悪の判断基準を自分の中に築いていくと言われています。

ここでは、子供が幼稚園に入る年齢になって、友達との関わり方を学び始めた時期の言葉がけについてお話します。

3歳過ぎたら「ありがとう」

保育の現場では、子供たちを叱ることはほとんどありません。友達に怪我がをさせてしまったような時でも、故意であれば話は変わりますが、幼い子供たちが故意に友達に怪我をさせることは無いので、そのような場合は叱るというよりは、「おもちゃを投げることは危険だった」「狭いところで走るのは危ない」と、原因に気づけるように話をしていきます。

反対に、褒めることは度々あります。特に2歳児クラスや年少クラスでは、「お片づけがきちんとできて偉いね」や「お弁当を残さず食べられて偉い」などの褒め言葉をかけていま す。しかし、3歳過ぎたら、実はこの褒め言葉より、「ありがとう」に変えた方が、より子供たちの心に届くと感じる場面が多くなってきます。

褒め言葉に隠された大人の下心

褒め言葉は、実はご褒美言葉。良い意味でも、ちょっとマイナスな意味でも同じ効果を持っています。つまり、また「偉いね」と言われたいから、あるいは褒めてもらわないと心配になるなどのプレッシャーを子供に与えてしまっているように思います。良い子にしたらプレゼントをもらえるのと同じで、ご褒美になっていますが、ご褒美の効果は長く続かないものです。3歳ぐらいになると、子供たちも褒められて嬉しいこともちろんありますが、大人の「またやらせよう」という下心にも、うすうす気づいています。

例えば、友達におもちゃを譲れた時に「お友達に貸してあげて偉いね」と言うことがあります。この時、子供は次も譲らなくてはいけないというプレッシャーや「本当は、いやだった」と少し心に引っ掛かる被害者意識のような感情も残っています。顔を見るとそんなすっきりしない気持ちが読み取れます。

そこで、「偉いね」と褒めることも悪くはないのですが、「貸してくれて、ありがとう」という言葉に少しずつ変えていきます。順番を我慢して待てた時なども、「待てて偉いね」を「我慢して待ってくれて、ありがとう」と、子供の気持ちを「理解し感謝していますよ」という、サインを出します。

実際にこの「ありがとう」の言葉を使った時の方が、その後の子供同士の関係が良いように感じます。

なぜそう感じるかというと、おもちゃを貸してくれた友達に、子供は「偉いね」とは言いません。「ありがとう」と笑顔で言います。この言葉のやり取りが、「仲良し」を作っていきます。子供同士の自然な「ありがとう」を見ると心の中で拍手をしています。

「ありがとう」は、立場が対等であることを感じさせてくれる言葉でもあると思います。上から目線で「偉い」と評価している関係性が、「ありがとう」ということで子供と教師が同じ立場で共感しあえていると感じることがあります。親と子、教師と子供は、もちろん対等ではありませんが、「あなたを認めていますよ」というメッセージ性は、より高いと思います。

感謝の言葉はもっとたくさん

さて、一つ考えさせられる経験をした話です。

年齢は年長クラスの5歳から6歳の子供たちに「あなたはどんな時に、ありがとうといいますか?」の質問に対して、ほぼ100%の子供が「プレゼントをもらった時です」と、答えました。もちろん間違えではありませんし、子供ですからあたり前の答えと感じましたが、「人から親切にしてもらった時」「お友達が順番を譲ってくれた時」などの答えがあっても良かったのではと考えさせられました。子供の心の成長のために「ありがとう」の言葉をもっとたくさんかけてあげたいと思いました。

褒め言葉は時々、感謝の言葉はもっとたくさん。意識して口に出していきたいものです。

12「早くしなさい！」と「slowly!」の話

まだ、私が教室長として駆け出しの頃のことです。

午後2時からの授業が、もうすぐ始まるというすれすれの時間に、お母さんと年長クラスの男の子が教室のエントランスに入ってきました。

「慌てないで！」「丁寧に！」

時間が押している中で、これから上履きに履き替えて、コートをハンガーに掛けて、出迎えた先生に挨拶をしてと、まだまだやらなくてはいけないことがあります。教室では既に講師と子供たちが起立して、授業の始まりの挨拶を今まさにしようとしていました。その両方が見える位置に立っていた私は思わず、「間に合って良かったわ！　急ぎましょう」「早く！早く！」と、声をかけてしまいました。

その男の子は、幼稚園では普通に日本語で話し、お家では英語のバイリンガルでしたが、お母さんは英語のみの外国の方です。

そのため、私の「早く！　早く！」が通じてはいなかったと思うのですが、日本人なら誰でも慌てるこの場面で、なんと「slowly! slowly!」と子供に言ったのです。日本語の意味としては、「慌てないで！」「丁寧に！」と言っていることが、その場の雰囲気で伝わってきました。私たちの感覚とは、真逆です。

「きちんとね！」

また、こんな時には、「コートは、掛けないでいいわよ。お母さんがしておくから」とか、出迎えた先生への挨拶も忘れて「早く教室に行きなさい」など、周りに迷惑をかけたくない一心で、子供をせかし、いつもの手順を省き、指示を出してしまいがちではありませんか？

私には、そうした光景の方が見慣れているのですが、このお母さんは、手助けは一切しないで、その後、3回目の「slowly!」を繰り返されたのです。

この時の「slowly!」は、「きちんとね！」と言っているように、私には聞こえました。結局、間に合わなかったけれども、彼は落ち着いた良い状態で授業に入ることができました。

考えてみると、こんな時に代わりにやってあげることは、その場しのぎで、長い意味でみると教育的ではないですし、指図することは、何かトラブルがあったときに、どのように行動するか自分自身で考えられるチャンスを奪ってしまっているようにも感じます。子育てとは、こういう時に、子供にどのような言葉を掛けるのか、小さな判断の積み重ねなのだと、この時つくづく納得をしたのです。

それ以来、「早くしなさい！」と言いがちな場面で、「slowly」の単語が頭に浮かぶようになりました。もちろん、私は「慌てないで」や「ゆっくりでいいのよ」の言葉に変換して声をかけています。

安心して自分で考えられる言葉がけ

さて、「slowly!」を実行しているうちに、「早くしなさい」の言葉には、「子供の動作のスピードを上げる効果が無い」ということに気づきました。言っても言わなくても、実はそれほど変わらない。それどころか、あまり強い命令口調で「早くしなさい！」と言ってしまうと、子供はむやみに焦って、思わぬところでつまずいたり、持ち物を忘れてしまったりと、かえって面倒臭いことになりがちと感じました。

それぐらいなら、感覚としては反対の「慌てないで、ゆっくりでいいわよ！」と、子供がびっくりする言葉をかけて、反応を観察してみてください。

本当にスローモーションになる子供はいないと思いますが、もしいたら、爆笑するしかないですね。普段から「早く！　早く！」とせかされている子供は、驚くかもしれませんが、その後は安心して、自分で考えて頑張ってくれると思います。

13 失敗や不便さから学ぶ

国立、公立、私立に関わらず、多くの小学校の校長先生が説明会や保護者への便りで、子供時代に土台を築きたい力として「応用力」「推理力」「想像力」という言葉を使っています。この傾向は近年急に増えてきていると言えるのですが、ではなぜ今これらの言葉がキーワードとなっているのでしょうか。

実は、知識偏重の偏差値教育の低年齢化もあって、自分で考える力が乏しい子供が目立つようになってきているためと思われます。小学校の先生方も危機感を感じて「生きる力のある子供」「考える力がある子供」と具体的に理想とする子供像を語り始めています。

考える子供に育てるには

実は私も、子供と向き合う現場で、「考えようとしない子供」が、増えてきていると感じています。特に、2、3歳と幼いころから、能力開発や知育学習を謳う稽古事に通っていた経験を持つ子供に多くみられるように思います。

同じジャンルの問題でも、すこし出題の傾向を変えただけで「分からない」と考えることを止めてしまう子、答えがはっきりしている算数的な問題は得意でも、国語的な問題は苦手な子といったように、応用する力が育っていないことを実感することがあります。年齢が低い時から始めたので、記憶することが主な課題になり、受け身で、丁寧に教えられることに慣れてしまっているのではないかと危惧しています。また、こうした傾向を示す子供たちは、やんちゃではなく、いわゆる良い子タイプなのも心配です。

幼児期で大切にしたいことは、時間がかかっても生活の中から、子供自身が興味を持ち、自ら気づき学ぶことです。そしてこれが知恵になります。遠回りのようで実は確実な道です。

知恵は、不便さや失敗から子供自身が気づき学んで獲得していきます。そしてこれこそが応用力となり推理力に発展していくのだと考えます。整いすぎた環境の中では、なかなかそのきっかけになることは起きません。

「湯加減をみる」

では、具体的な例で話をします。私の子供の頃は子供に課せられるお手伝いの1つに「湯加減をみる」というものがありました。風呂場に行くとお湯はかなり熱く沸いているように見えるのですが、かき回してから手を入れてみると予想に反して、まだぬるいということがありました。こんなことから水は熱くなると上になり、冷たい水は下がるということを知ります。

また、水をためる時に、ちょうど良いタイミングで蛇口を閉め損なうと風呂の縁までいっぱいになってしまいます。そんな日は、風呂に入るとお湯がたくさんこぼれてもったいないと感じます。私より体の大きい父が入るともっとたくさんの水がこぼれることも経験します。こんなことから体積の基本を知らずしらずのうちに学びます。

しかし、現代では便利な湯沸し機能があり、これらのことを経験する機会はありません。

そのため、小学校の授業では、「同じ量の水が入った3個のコップが有ります。それぞれに大きさの違う石を入れたらどのコップの水の嵩が増しますか?」と3個のコップと石が描かれたプリントで学習することが当たり前になっています。しかし、この問題を感覚で解ける子供は驚くほど少ないです。

わざわざ不便なお風呂に戻すことはできませんが、便利さが、子供から多くの科学や物理の経験を奪っていることを知っておくことは必要と思っています。

キャンプなどに行ってあえて不便な経験をすることもいいのかもしれません。私立小学校で校長をしていらした先生が「手をかざすと水が出る蛇口はいかがなものか」とおっしゃっていたことがあります。最近の子供の中には、蛇口のひねり方の加減が分からずに、コップに水を汲む時に勢いよく出し過ぎて溢れさせ、服をびしょびしょにしてしまう子がいます。「～加減」も便利さの影に消えた死語と言えるのでしょう。

失敗した時がチャンス

このような時代だからこそ子供が失敗した時がチャンスかもしれません。お母さんが手伝ったり、教えたりするのではなく、子供自身にリカバリーさせてみてください。

例えば牛乳パックを倒してしまいたくさんの牛乳がこぼれてしまったとします。慌ててお母さんが雑巾で拭くのではなく、身の回りのもので対応させてみましょう。新聞紙に吸わせる、ペット用シーツを被せるなど、日ごろのお母さんを見ていて覚えていることを応用してくれるのではないかと思います。手でお皿に牛乳を寄せながら入れるかもしれません。それも素晴らしいアイデアと思います。きっとお母さんは、子供の対応力が育っていることを目の当たりにして、成長を実感することと思いますし、子供自身も、何かに気づいてくれると思います。

すぐにあきらめない

1つ、失敗と素敵なリカバリーをした男の子のお話をします。

彼は、100円のお小遣いを持って1人で、近所のコンビニにおやつを買いに行きました。買いたいお菓子は100円でしたので、それをレジで出したところ、消費税分が足りないと言われてしまいました。彼は「他のお菓子に変える」「家に取りに帰る」などいろいろ考えたのですが、ふと、お財布の中にあるポイントカードを出して使えるかどうかを尋ねたそうです。それで無事、消費税分も支払え、好きなお菓子が買えたのでしたが、彼は、この時5歳になりたてでした。

コマーシャルのセリフではありませんが、「じゃあ、いいです～」と、すぐにあきらめないところが、彼の長所と普段から感じていました。

このエピソードは、お父さんから聞きました。日頃から、「転ばぬ先の杖をしないこと」を教育方針にしているそうです。この日も、彼が出かけるときから、お金が足りないことは知っていたので、取りに帰ってくるものと思っていたら、思いがけない解決をしてきたので、成長を感じ、嬉しかったと言っていました。

不便さや失敗は、知恵を発達させてくれると思います。子供の先に回って環境を整え過ぎない方が良いと考えますし、幼児期の失敗は、沢山しても良いと思います。その損害よりも得ることの方が大きいからです。

14 我が子のために小学校を選ぶ

さて、幼稚園を卒業する時期が近づいてきましたら、子供に合った小学校を選んで欲しいと思います。

この時期、毎年幼稚園の保護者の方にお話ししている内容を紹介します。

幼稚園には、春から秋にかけてたくさんのご両親が見学に来ます。3年保育の入園を来春に控えて、真剣に幼稚園探しをしている様子に敬服しています。

しかし、幼稚園選びを真剣に検討されているご両親でも、不思議なことに6年間も通う小学校には、入学までに1度も見学に行ったことが無いというお父さんが案外多いです。義務教育で、公立小学校は地元の学区域で決められているからかもしれません。

しかし、小学校は、国立、私立、公立とそれぞれ個性があり、また公立でも地域グループの中から選べるところもあります。子供に合う小学校で6年間良い教育を受けるために、幼稚園選びと同じように「小学校を選ぶ」感覚を持っていただきたいと思います。

国立小学校の特徴

最初に、国立・公立・私立の特徴をそれぞれ一つずつあげていきます。

まずは、国立ですが、「国立は、教科書通りに授業が行なわれない」という点が最大の特徴にあげられます。

国立は、先進的な教育の実験校ですので、他の学校から来た先生たちが見学する中、研究授業が頻回に行なわれていますし、教育実習生が多く教壇に立ちます。そのため、文科省から決められた教科書通りに授業を進めていくということは、あまりないと考えた方がいいように思います。

具体例でお話をします。

私の数年前の経験です。私の教室の卒業生で、都内の国立大学の附属小学校に進学した当時5年生の女の子のお話です。5年の夏休みに、このままでは中学への内部進学が厳しいので、勉強を見て欲しいとのお母さんからの電話でした。大変利発なお嬢さんで、学習でつまずくことはまず無いと思っていましたので、「どういうことかしら?」と思いながら、いざ勉強を始めてみると、私も驚いたのですが、教科書のどこを学校でやっているか、本人が分からない状況でした。

ノートを見ても配布されたプリントが貼ってあるだけなのです。例えば歴史の授業では、戦国時代の好きな人物を一人選んで、自分で調べて、それをクラスで発表する形式らしいということが、ノートから分かるといった具合です。要するに自分で学習するスキルが国立では必須なのです。

この経験から、国立に入ったら、日本の小学校のどこでも行なわれている画一的な授業ではない先進的な授業を受けられる魅力があると感じると共に、自分で興味を持って自分で学習していく、自学自習ができるような子供には素晴らしい環境と言えると思いました。

しかし、教科書通りにコツコツと勉強して、中学校受験勉強をしたい子供の場合は、もしかしたら、かなりハードルが高くなってしまう可能性があります。横浜教育大学付属小学校の説明会でも、この件は繰り返し校長先生が話しているようで、「入学してから戸惑わないように、良くわが校の特殊性を理解してから願書を出してください」との注意と感じます。

国立だからハイレベルな勉強ができることは間違いないのですが、この特徴を理解したうえで、この先々中学高校とどのような進路をとるかも考慮して選択して欲しいと思います。

公立小学校の特徴

次に公立小学校は、文科省の方針や教育目的、また自治体の教育委員会の教育理念はありますが、その公立小学校の独自のものはありません。公立だから当たり前と言えば当たり前です。その時の校長先生の考えが日々の直接的な教育指針になっていると思います。

公立の良さは、地域全体で子供たちを守り、育てていこうとする環境が整っているということが一番です。これは娘2人を私立に通わせた私の実感ですが、私立では、住んでいる地域とのつながりが全くなくなります。娘たちが成長した今になって、寂しい気もしています。

しかし、公立小学校は、地域のスポーツクラブや町内会、消防団の大人たちがいろいろな学校行事にボランティアで関わり、地域全体で育ててもらっていることを実感しますし、感謝する機会も多いと感じます。ただ、学習面では、地域差が大きく影響していると感じます。

さて、よく、「私立は高い、公立は安い」と言われますが、教育にかかるお金を公立が出し渋っているから安いわけではありません。それどころか、公立の方が、児童1人あたりにかかる費用は、私立より高いと言われています。私立では、個人が支払う費用を、公立は国や自治体が支払ってくれているからで、コストパフォーマンスはピカ一です。

私立小学校の特徴

さて、次に私立の特徴ですが、それぞれ教育理念があり、それを学校、児童、保護者、卒業生が一丸となって実践しているところが最大の特徴です。額に飾っているだけのいわゆる「絵に描いた餅」程度に思っていると、びっくりします。願書などに「御校の教育理念と我が家の教育方針が一致したので志望します」なんて、気楽に書きますが、本当に同じ方向でないと、入ってから苦しい6年間になってしまいます。

教育理念の実践のために、学校教育が行なわれていると言っても過言ではないので、それだけにこの教育理念を理解して、同じ方向性を持つ家庭であればすごく幸せだと言えると思います。また、どこの私立も独自の教育手法を取っているので、魅力あふれる教育を実践しているところが多いと感じています。

学習は、選抜を経ているので、授業が進めやすいということもあり、難易度も高く、授業の進度も公立の1・2〜1・5倍の速さで行なわれるところがほとんどです。そうしてできた時間が、宿泊行事や学習発表会などの、その小学校独自の様々な活動に当てられています。

私立小学校のデメリット

私立を選択した場合のデメリットにも少し触れておきたいと思います。

私立の魅力に小学校から高校、または大学までの一貫教育を挙げられる方が多いと思いますが、一貫教育と受験なしでエスカレーター式に上がれることを混同している方が多いと感じます。一貫教育とは、教育理念や方針が大学まで一貫しているということで、これが人格形成のバックボーンになるということが、私立の最大の魅力かと考えますが、決して、上まで進学することが保証されているということではありません。私の経験でも、小学校から中学へ、そこから高校へ内部進学するために、皆さん真剣に勉強をしています。

さて、デメリットは何かに戻りますが、進学の節目で、内部進学の場合は、家族での話し合いが全くされないということが気になっています。いわゆるエスカレーター式であったとしても小学校や中学校の卒業の節目、節目で、この学校を続けていくことが子供のためになるのかを、子供と両親で話し合って欲しいと思います。その結果、その学校を続けるにしても、子供の意志や目標を確認することが大切だと感じています。

子供の進路の選択肢は多めに

一つ具体的な話をしますと、私立の有名女子大学附属小学校に私の教室から進学した子供の話です。

小学校の時から成績も良く、中学校にもすんなり内部進学をして何も心配のない子供です。一昨年、中学3年生になった春、お母さんから相談を受けました。

高校は、都立高校を受験したいと突然言い出して戸惑っているとのことでした。子供にあって話を聞いた結果、私はお母さんに「外部受験をしたいという本人の意思を尊重して、背中を押してあげましょう」と申し上げました。

なぜかと言いますと、外に出たいという理由が、「学校が嫌いとか、友人がいないとか、成績が悪いなどの後ろ向きの理由ではなくて、自分の将来を考えた時に、もっと違う世界を見たい。このまま12年間も女子校では、世の中を半分しか見ていないような焦りを感じる。もっと広いフィールドで勉強をしたい」という前向きで具体的な希望を持っていたからです。この子を、名門だからとか、安心だからということで、そのまま無理に内部進学を強制したら、学業に対してモチベーションがなくなってしまうかもしれないとも考えました。この子供にとってこの学校の卒業の時期がきていると感じました。

実はこの子供が特殊な例というわけではなく、今までにもこういう決断をする子供が何人もいました。神奈川県下の有名私立中学から、アメリカのシアトルの高校へ行った例もあります。他の有名私立の中学校から、いったん公立の中学校に出て、高校は他の難関校に合格した子供もいます。

さて、このお嬢さんは、無事難関都立高校に合格しました。

お母さんから「我が子ながら、すごい頑張りを見せてくれました。あの時、無理やりにとめていたら、この子は勉強に対する目的を失っていたかもしれません。決断を間違えなくて良かったと思います」と、感想をお聞きしました。

私立小学校に入ったからといって、そこだけが道ではないと親子で考えて、常に子供の進路の選択肢を多く持っておいて欲しいと願っています。

選択する際の重視するところ

よく保護者の方から「私立、公立を含めて小学校選びで何を重視すべきですか」と、質問をされます。これは、家庭によってすごく変わってくると思いますが、両親が小学校教育に求めることを、優先順位をつけて考えるという方法もあると思います。重視する点をいくつでも書き出し、次に順位をつけてみます。ご自分で冷静に洗い出す作業になると思います。

最後に特にお話をしたいことが有ります。

公立小学校に進学される方がよく口にされがちな「うちは、近くの公立の○○小学校でいい」といった言葉を聞くことがあるのですが、これを「○○小学校がいい」に、変えていただきたいと思っています。

是非、機会を見つけて学区内の小学校に見学に行って欲しいです。そうは言っても、そこしか選択肢がないのにとお考えになると思いますが、子供に小学校の話をするときに、その学校の魅力を是非伝えてあげて欲しいと思っているからです。

地域との交流が多く、沢山の人との関わりが学べるのは、やはり公立ならではと思っています。「でいい」ではなくて、「近くて、安全なところが嬉しい」「校庭が土で懐かしくて、気に入った」「ランドセル広場という遊びの場があって嬉しい」など、プラス思考で子供に話をしてあげてください。

これから進学する小学校に夢や期待を子供が抱ければ、ぐんと心も学習も伸びていきます。

家庭の教育方針を話し合う機会

それから、もう一つ、私立に進学する人が経験して、国立、公立に進学する人が経験しないことがあります。是非、どこへ進学するにしても、経験して欲しいことは、両親で、「家庭の教育方針について話し合い、今までの子育てを振り返って欲しい」ということです。

私立を受験する人は、願書や面接のために、かなりの時間を知らずしらずにこのことに費やし、そして親としての考えをしっかりまとめていきます。

国立や私立を受験しなくても年長クラスになったら「どんな子供に育って欲しいか」「家庭の教育方針は何か、そのために日々何を実践しているか」など、良い機会ですので、話し合ってノートにまとめることをお勧めします。小学校を考えるにあたり、これを一つの節目として捉えてこの話合いをしてみてください。

15 いつまでも我が子？　子供が巣立つ時

２０年前、私は、東京都港区の三田台公園の近くに住んでいました。マンションのベランダの目の前、手が届きそうなところに松の木が枝を張りだしていて、その幹の窪んだところにシジュウカラがほぼ毎年巣を作り、雛を育てていました。雛の姿は、飛び立つその日まで見られないのですが、親鳥を呼ぶ声は早朝から聞こえ、親鳥がえさを運ぶ姿を家の中から楽しんで観ていました。

初夏、巣立ちの日は突然です。早朝から雛たちが次々に姿を現して、その枝に飛び移り、危なっかしくも何とか枝にとまります。それから数時間は飛行訓練をしているような様子が見られますが、鳥の社会の巣立ちはそれで完了するのか、あっさりと飛び立っていってしまいます。

巣立ちの朝を想像して

当時、私も２人の娘の子育て真最中で、巣立ちの瞬間を見守るのは感動的で、親鳥に勝手に共感を覚えていましたが、「人間の子育ては、そうは簡単ではないのよ」と、心の中で呟いていましたので、そのころは、相当子育ては、大変だと思っていたのだと思います。

卒園までの間、ご両親は小さなお子さんと賑やかで充実している日々を過ごしていると思いますが、忙しくて体力のいる時期だと思います。また、生まれてからまだ数年、いつ子育てが終わるかなんて、考えたこともない方も多いと思います。しかし、子育てが終わる時、つまり巣立ちの時を想像すると、延々と続く子育てではなく、意外に近いゴールに向かっての道筋がイメージできるのではないかと思います。

一般的な巣立ちの時期は、18歳か22歳で学業を終え就職した時になるのでしょうか。「社会人として、しっかり生きて行って欲しい。今までお世話になった社会に恩返しができるように、社会貢献をする気概をもって欲しい」と、子供の背中に心の中でエールを送る、そんなテレビの一場面のような巣立ちの朝を想像してみてください。立派に育った子供を誇りに思うと同時に、親もまた、新たなステージに入るのだろうと感じます。そんな良き日をゴールとすべく、今があります。

「あなたを認めていますよ」

さて、日本は欧米に比べると圧倒的に長い期間、親子が一緒に暮らしているといわれています。また、精神的な関係も、良くも悪くも、とても近いのではないかと思われます。一つ例を挙げますと、お年寄りが「何歳になっても、子供は子供だからね」と、話しているのをどこかで耳にしたことがあるような気がしませんか。言い換えれば、「子供が中年になっても、親であり、子である関係は変わらない」と、親の無限の愛を象徴する言葉に違いはないのですが、子離れができていないような感じも少し、にじみ出ているようにも思います。

同じ愛情表現でも、欧米であれば、「I'm proud of you」「あなたを認めていますよ」となり、甘えさせるのではなく、人格を尊重する言葉になっています。

親から見れば、子供はいつまでも未熟のままで、庇いたくなる存在かもしれません。でも親が子を認め、対等の立場でものを考え、意見を言い合える、大人同士としての関わりを20代から築いていける親子関係を理想としたいと思っています。

振り込め詐欺の日本的特徴

欧米にも、振り込め詐欺はあるそうですが、「会社のお金が入ったカバンを電車に置き忘れた」「交通事故を起こしたから急いで示談にしたい」など、子供や孫の失敗をしりぬぐいするための振り込み詐欺はあまり聞かないそうです。子供や孫への愛情を利用した卑劣な詐欺と報道されますが、失敗やトラブルを自分の力で解決させるべく、精神的な支えになっても、金銭でしりぬぐいしようとすることは、実は、子供を信頼していない証拠のようにも思えます。

子供の巣立ちの時期を学業の終了時期まで、あるいは、社会人となって収入を得られるようになった時までと見定めて、その年齢にふさわしい関係に変化していくことも「人を育てる」大事業を成していくための親の覚悟と考えます。

後たった十数年で社会に出て、生き抜く力をつけてあげることが親の役割で、子育ての最終目標地点と考えられると、かなりシンプルになりませんか。

◆著者紹介

篠原　妙子（しのはら・たえこ）

「子ども礼法の会」代表。月影学園幼稚園教育顧問。

　1954年、山梨県生まれ。東京都目黒区在住。娘2人が通う私立小学校の父母会会長になり、東京都にある私立小学校56校で形成される東京私立初等学校協会の副会長をした。この協会は、各小学校の校長先生とその父母会会長とで構成され、私立小学校の連携を図り、より良い私学教育のために活動を行なっている。副会長として活動する中で、多くの校長先生とお話をさせていただく機会を得、私立小学校教育に深く感動と信頼を持った。その後、目黒区役所地域振興課で一時働いたのち、大手私立幼稚園・小学校受験塾に就職し、横浜市と国立市の教室長として多くの経験を積む。

　2007年独立し、小学校受験を専門にする「子ども礼法の会」を設立。青山学院初等部、学習院初等科、慶應義塾幼稚舎、洗足学園小学校、桐蔭学園小学部、東洋英和女学院小学部、雙葉小学校、立教小学校、早稲田実業学校初等部、学芸大学附属世田谷小学校、筑波大学付属小学校などに合格者を多数輩出している。教室運営と同時に2015年より、川崎市にある月影学園幼稚園で、新しい教育メソッドの「カリキュラム教育」を行なっている。

学《まな》びは最高《さいこう》の遊《あそ》び
―幼児期《ようじき》のカリキュラム教育《きょういく》―

2021年9月22日 初版第一刷発行

著者……篠原《しのはら》 妙子《たえこ》〈検印省略〉

発行者……森 敬吾

発行所……月影学園出版部
〒211―0025
神奈川県川崎市中原区木月1―6―36 月影学園幼稚園内
電話 044―433―5514
FAX 044―433―3939
https://www.tsukikage.com/

印刷・製本……株式会社平河工業社

ISBN978-4-910424-02-6 Printed in Japan